Landfrauen-Rezepte aus

Bayern

Barbara Rias-Bucher • Fotos: Fridhelm Volk

ULMER

Inhalt

Inhalt

Geleitwort der Landfrauen
des Bayerischen Bauernverbands

Liebe Leserin, lieber Leser!

Vielfältige Landschaften, die Liebe zum Brauchtum und gutes, bodenständiges Essen – alles das verbinden Bewohner und Besucher mit Bayern.

So unterschiedlich die einzelnen bayerischen Regionen sind, so verschiedenartig sind auch die hier beheimateten Schmankerln. Meist sind diese Spezialitäten von Traditionen geprägt. So kommt die regionale Küche mit den Zutaten aus, die rings um den heimischen Kirchturm erzeugt werden.

Unsere regionale und saisonale Küche hat sich über viele Generationen hinweg erhalten. Sie erfährt auch in unseren Tagen eine große Wertschätzung, da wir uns auf das Vertraute immer wieder besinnen. Schließlich wissen wir doch alle, dass Qualität und Frische der Lebensmittel wesentlich unser Geschmackserlebnis beeinflussen und der Gesundheitswert bei regionalen Zutaten nicht zu kurz kommt. Gleichzeitig haben wir es beim Einkauf heimischer Produkte in der Hand, dass uns unsere natürlichen Lebensräume und attraktiven Kulturlandschaften erhalten bleiben. Es lohnt sich also, auf Zutaten aus der unmittelbaren Nachbarschaft zu achten. Ganz nebenbei wissen wir dann auch, wie unsere Lebensmittel erzeugt werden und wo sie herkommen.

Das Kennenlernen der regionaltypischen Spezialitäten gelingt vor allem dann, wenn Sie diese in Ruhe genießen. Und das heißt für mich, sich Zeit zu nehmen zum gemeinsamen gemütlichen Essen. Denn Essen und Trinken ist weit mehr als nur Nahrungsaufnahme, es ist Teil unseres bayerischen Lebensgefühls.

Lassen Sie sich mitnehmen auf eine Genießertour durch die bayerischen Lande. Ich wünsche Ihnen viel Freude beim Entdecken unserer kulinarischen Köstlichkeiten!

Annemarie Biechl
Landesbäuerin

Land der Schmankerln

Essen und Trinken halten Leib und Seele zusammen. Das versteht sich in Bayern von selbst, wo es schließlich so weltbekannte Spezialitäten wie Weißwurst und Leberkäse, Knödel und Dampfnudeln gibt. Nicht zu vergessen das Bier, ohne das man sich das weiß-blaue Bundesland gar nicht vorstellen kann. Eine ländlich geprägte Küche ist überall in Bayern präsent, ob Sie beim Wandern in der urigen Dorfwirtschaft einkehren und eine zünftige Brotzeit bestellen, ob Sie in einem der vielen gemütlichen Restaurants edle und deftige bayerische Schmankerln genießen oder in einem der alten Kochbücher blättern, die einst für die großen – oft sehr wohlhabenden – Bürgerhäuser geschrieben worden sind.

Einkaufen auf dem Land

Das macht noch mehr Spaß als auf dem Münchner Viktualienmarkt – weil man sich nicht durch einen Pulk von Touristen nach vorn zur Standlfrau durchkämpfen muss und weil man viel Zeit für ein Gespräch über die besten Zutaten hat.
Keine Frage, die bayerische Küche ist einfach. Und einfach kochen im besten Sinn heißt mit wenigen, aber qualitativ hochwertigen Zutaten auszukommen. Für einen Schweinsbraten (siehe Seite 74), der nur mit ein bisschen Gemüse und ein paar ganz gewöhnlichen Gewürzen zubereitet wird, brauchen Sie eben hervorragendes Fleisch – von einem artgerecht gehaltenen Tier, genau wie für das Hendl aus dem Schmortopf (siehe Seite 70) oder die Gans zur Kirchweih. Bei einer Renke ist nur bester Fisch gut genug. Wollwürste von einem Metzger, der sein Handwerk nicht versteht, schmecken nach gar nichts – ganz zu schweigen von faden Weißwürsten! Und die „Bayerischen Tortillas" (siehe Seite 80), vulgo: Kartoffelpflanzl, können eine ganz wässrige Sache sein, wenn die Qualität der „Erdäpfel" nicht stimmt. Wirklich taufrischen Spargel bekommen Sie nur beim Spargelbauern, das beste Gemüse für Ihr Pickelsteiner (siehe Seite 62) nur beim Erzeuger – oder aus dem eigenen Garten.

Hofläden bieten Kartoffeln, Gemüse und Obst aus Eigenanbau an, oft sogar zum Selberernten. Häufig haben sich auch mehrere Landwirte zusammengetan: Da liefert der eine dann die frische Butter und den würzigen Sennerkäse. Bäuerinnen backen das Brot für Ihr Sonntagsfrühstück und den Hefezopf für

In Bayern trifft man noch häufig auf ländliche Idylle.

Ihren Nachmittagskaffee. Der Senf für die Würste aus der Eigenproduktion ist gerührt, die Marmelade eingekocht. Stammkunden erhalten auch mal den Salatkopf, ein paar Kartoffeln oder die einzige Zwiebel, die fürs Gelingen des Mahls unverzichtbar ist, als Zugabe gratis. Sie brauchen nicht kiloweise zu kaufen wie im Supermarkt. Singles und Leute, die „nur" für zwei kochen, sind vertraut und werden, wenn sie zwei Äpfel, eine Hand voll „Nisslsalat" (Feldsalat) oder ein wirklich winziges Stückchen Käse erstehen, gar nicht schief angesehen. Und wenn Sie dann noch einen Rat für Ihren Sonntagsbraten brauchen, kann Ihnen die Bäuerin gewiss Auskunft geben – schließlich ist die bayerische Küche ihr ureigenes Metier, das sie perfekt beherrscht.

Aus der Bauernküche

Zur Bauernküche gehören in erster Linie alle Gebilde, die man in Bayern Nudeln nennt. Die sind übrigens sehr vielgestaltig: Während selbst gemachte Nudeln in der Suppe jedermann auf Anhieb erkennt, wirken Schmalznudeln aus dem Frittierfett wie amerikanische Donuts ohne Loch, aber mit „Fenster" in der Mitte. „G'stutzte" Nudeln (siehe Seite 86) bestehen aus normalem Nudelteig und sind wie Nudeln geschnitten – nur ein bisschen kürzer. Doch wenn sie auf den Tisch kommen, sehen sie aus wie überbackene Eierkuchen. Die berühmten bayerischen Dampfnudeln aus lockerem Hefeteig erinnern auf dem Teller an Klöße. Nur durch das „Rammerl", die köstliche Kruste aus Zucker, Butter und eingekochter Milch, sind sie unverwechselbar. Herzhafte Dampfnudeln (siehe Seite 100) sind übrigens das altehrwürdig-bäuerliche Essen, während die süße Variante der flaumigen Nudeln aus der Bürgerküche des 19. Jahrhunderts stammt. Einst nämlich gab es Dampfnudeln als kräftige, kohlenhydratreiche Beilage zum täglichen Kraut. Das ist auf dem Land bis nach dem Zweiten Weltkrieg so geblieben. Erst dann hat man sie auch außerhalb der Stadt fast nur noch mit Vanillesoße serviert.

Viele Almen werden noch traditionell bewirtschaftet.

Krautknödel aus Semmelteig mit Speck und Sauerkraut (siehe Seite 96) gab es früher bei den Bauern sehr häufig, wenn die Arbeit besonders schwer war. Zum Beispiel bei der Heumahd im Juni, bei der Ernte im August und September oder wenn in den Wintermonaten das Getreide gedroschen wurde.

Von der Alm

Alte Senner-Essen wie Schmarren oder Kasspatzn sind wahre Kalorienbomben. Doch so üppig die Spezialitäten der Allgäuer Almen auch sein mögen – versuchen Sie gar nicht erst, sie „schlanker" zu machen. Schmarren ist buchstäblich „fett": Der Name des Gerichts kommt vom Mittelhochdeutschen „smer" für Fett.

Inzwischen hat sich die ganze Schmarren-Vielfalt auf den Kaiserschmarren reduziert – lockere, goldgelbe Stückchen mit reichlich Puderzucker, ein paar Rosinen, vielleicht auch Mandeln und einem wunderbaren Butteraroma. Das ist eine der feinsten Mehlspeisen, die uns die gutbürgerliche Küche des vergangenen Jahrhunderts geschenkt hat. Manche meinen, der berühmteste aller Schmarren sei nach Kaiser Franz Joseph von Österreich benannt. Doch das „Kaiserliche" am Schmarren beruht auf einem Missverständnis: Die Urfassung ohne Rosinen, Sahne und Puderzucker war ein „Kaser-Schmarren", eben die Alltagskost auf der Alm für den Senn, in Österreich auch „Kaser" genannt, weil er den Käse zubereitet.

Der Ur-Schmarren ist also eine handfeste Angelegenheit, entstanden aus dem Hafer- oder Buchweizenbrei, dem eingeweichten Brot oder dem Hirsemus, das die Bauern im Tal jeden Tag aßen. Manche Frauen mussten aber nicht sparen. Dann machten sie den dicken Brei mit Eiern nahrhafter und buken ihn mit ordentlich Schmalz oder Butter. Auf der Alm stand Butter besonders reichlich zur Verfügung und war bei der Schwerstarbeit, die Mann oder Frau dort oben zu leisten hatten, auch sehr wichtig für die Ernährung.

Noch heute backen bayerische Hausfrauen ihren Schmarren mit allen Zutaten, die in Flüssigkeit gut aufquellen: Da gibt es dann den

Mehlschmarren, den Grießschmarren oder eben Semmelschmarren (siehe Seite 112). Mit Obst – mürbe Äpfel, Kirschen oder Zwetschgen – gemischt, ist er süßes Hauptgericht nach einer leichten Suppe. Doch egal ob pur oder fruchtig: Nehmen Sie reichlich Fett zum Backen und Zucker zum Bestreuen, damit der Schmarren schön knusprig wird und appetitlich glänzt.
Sparen Sie auch bei den Kasspatzn (siehe Seite 98) nicht mit Eiern, denn die machen die Spätzle kernig. Die laschen Bröckchen, die man in Wirtshäusern oft bekommt, sind mit zu viel Wasser zubereitet. Fett zum Braten muss ebenfalls sein, sonst werden die Zwiebelscheiben trocken. Früher hat man nur Butterschmalz genommen, heute mischt man mit Olivenöl. Mein Rat, damit Ihnen die Spatzn nicht nur schmecken, sondern auch gut bekommen: Servieren Sie verschiedene Salate dazu. Zum Beispiel aus Möhren (Gelbe-Rüben-Salat, Seite 80), aus Tomaten oder Kopfsalat mit vielen Kräutern.

Die alte feine Bürgerküche

Sie passt wunderbar zur modernen Landküche – ein Beispiel ist „Eingemachtes" Hendl (siehe Seite 68) mit allen Kräutern, die Ihr Garten bietet. Das Fleisch ist gesotten und in weißer Soße angerichtet, das Rezept hat also nichts mit Konservierung zu tun. Denn unter „Einmach" verstehen die Bayern eine helle, unter „Einbrenn" eine dunkle Mehlschwitze als Grundlage von Soßen und Suppen. Noch würziger und „bayerntypischer" als Öl und Mehl sind Brösel von altbackenem Brot, Brezeln oder Semmeln, die Sie in Butterschmalz anrösten. Und an Stelle von Huhn nehmen bayerische Hausfrauen auch Kalbs- oder Lammragout, aus der Schulter geschnitten. Zum Rindfleisch aus dem Sud dagegen servieren sie die Soße getrennt – vorwiegend mit Meerrettich oder Schnittlauch gewürzt.
Richtig altmodische bayerische Pfannkuchen mit dem schönen Namen „Eierflecke" (siehe Seite 90) sind weit üppiger als heute und – ehrlich gesagt – auch viel besser. Das Bierkraut dazu ist traditionell und modern zugleich: mit Zucker, der für Bayern als Würze zu Gemüse und Salat gehört, und dem süffigen Bier, das sie so lieben. Doch statt der „Einbrenn" mit Butterschmalz ist Olivenöl und nur eine Spur Mehl drin. Das Kraut wird kurz und fein bissfest gekocht – nicht eine ganze Stunde, wie das Originalrezept es vorschreibt.
Für gute Suppen brauchen Sie die gute Basis: Wie Sie eine kräftige bayerische Brühe kochen, steht auf Seite 20. Wenn bei Ihrem Essen aber nicht die Brühe, sondern das Fleisch aus dem Sud die Hauptrolle spielen soll, nehmen Sie Zungenstück, Hals oder sogar Tafelspitz. Die Brühe dient dann nur zum „Befeuchten" der Beilagen oder als Basis für

die Soße. Dabei ist Tellerfleisch aus dem Bauchlappen (Flanke, Dünnung) des Rindes eine urbayerische Spezialität, die Sie heute nur noch in Traditionswirtshäusern bekommen. Stilecht kommt dieses „Kronfleisch" morgens um 11 Uhr auf den Tisch, begleitet von frisch geriebenem Meerrettich und großen, saftigen Essiggurken. Die anderen typischen Beilagen „Maurerlaiberl" und „Hoibe" muss ich übersetzen: Das Laiberl ist ein kleines knuspriges Roggenbrötchen mit Kümmel, die „Hoibe" ein halber Liter helles Bier.

Das Rahmgulasch schließlich stammt aus dem Osten, aus den Ländern der ehemaligen kaiserlichen und königlichen Habsburger-Monarchie. Die begehrtesten Köchinnen kamen von dort. Je mehr Erfahrung die Frauen hatten, je größer ihr Repertoire an regionalen und internationalen Spezialitäten war, desto besser waren ihre Position im Haushalt und der Lohn, den sie bekamen. Den besten Ruf hatten böhmische und österreichische Köchinnen; sie verstanden es, bodenständige und handfeste Gerichte zu höchster kulinarischer Perfektion zu steigern – genau wie die bayerischen Bürger es so gerne mochten.

Ganz spezielle Würstl

Zwei gibt es hier, die Sie sonst nirgendwo bekommen. Erstens die Münchner Weißwurst. Wie so vieles von Weltrang verdankt sie ihre Existenz dem Zufall: Am 22. Februar 1857, mitten im Fasching, waren dem Metzgergesellen Sepp Moser die dünnen Därme für Kalbsbratwürste ausgegangen. Aber die Würste mussten her und so füllte der Moser das Brät einfach in die nächstgrößeren Därme. Weil in der Küche Hochbetrieb herrschte, sparte man sich die Arbeit mit dem Braten der Würste und servierte sie den hungrigen Gästen gleich aus dem Brühkessel. Ein Hit war geboren und wurde bald von anderen Münchner Metzgern kopiert.

Zweitens die „Geschwollenen", je nach Region auch „Wollwürste" oder „Nackerte" genannt und angeblich ebenfalls Zufallstreffer mangels Wursthaut: Ein Metzger hatte nicht für genügend Därme gesorgt und stellte die Würste kurz entschlossen ohne Haut her. Die „nackerten" Dinger wurden gebrüht, damit sie in Form blieben. Zum Essen wärmt man sie nicht in heißem Wasser auf, sondern brät sie in Butterschmalz oder Öl, bis sie richtig aufgegangen – g'schwollen – sind und zwei goldbraune Streifen auf Ober- und Unterseite haben. Dann wirken sie beim Aufschneiden ein bisschen flaumig wie weiche Wolle.

Gemüse gehört dazu

Ungewöhnlich und interessant sind Hopfensprossen, ein sehr altes Gemüse: Lange bevor man die Pflanzen erwerbsmäßig wegen ihrer

München ist allein schon wegen der guten Weißwürste eine Reise wert.

Blüten, die Bier konservieren und angenehm bitter machen, kultivierte, hatte man vor allem die jungen Triebe geerntet. In Bayern änderte sich das erst mit dem Reinheitsgebot Wilhelms IV. aus dem Jahr 1518, das Hopfen zur Grundsubstanz beim Bierbrauen erklärte. So wurde aus dem zarten Keimling, den man wie Spargel zubereiten kann, bloßes Abfallprodukt beim Hopfenanbau. Doch die Bayern lernen immer von den Feinschmeckern anderer Nationen: In Frankreich und Oberitalien gelten die Sprossen als Luxusgemüse, die Belgier bauen sie mittlerweile sogar in Gewächshäusern an. Und so bekommen Sie Hopfensprossen von Dezember bis April natürlich auf dem Münchner Viktualienmarkt, sonst in Feinkostgeschäften und bei manchen Gemüsehändlern auf Bestellung. Für die Ernte werden die Sprossen vorsichtig aus der Erde geholt, mit einem Messer geschnitten und von Hand aufgelesen.

Endivie, bayerisch „Andivi" oder „Antiffi", war neben Feldsalat und Kraut der Wintersalat, der so lange auf den Tisch kam, bis die ersten Radieschen aus dem Mistbeet spitzten. Weil die Endivie so lange auf dem Markt ist, haben sich die bayerischen Köchinnen viel dazu einfallen lassen: sahnige Suppe (siehe Seite 30) oder Gemüse, Salat selbstverständlich oder auch Schmorhähnchen mit dem zart-herben Aroma der Endivie. Und eine bayerische Berühmtheit, der Kartoffel-Endivien-Salat , gehört in einem richtigen bayerischen Wirtshaus zu allem, was gebraten und/oder paniert ist: Schnitzel, abgebräunter Leberkäse, Fleischpflanzl oder Fischfilet.

Kürbisse sehen nicht nur hübsch aus, sondern lassen sich auch abwechslungsreich zubereiten.

Wie mit dem „Kreutl" (Kerbel) der Frühling, mit zarten Bundmöhren und duftend frischem Spitzkohl der Sommer, so kommt mit dem Kürbis der Herbst. Zwar beginnt die Ernte heute schon im September, doch erst im Oktober, wenn die Blätter der Pflanze vom ersten Frost schlaff und unansehnlich geworden sind, ist es wirklich Zeit für die Früchte. Kürbisse bieten eine wunderschöne Vielfalt – bunt wie Herbstlaub, bizarr geformt die einen, ordentlich rund für die trendigen Halloween-Fratzen die anderen. Kosten Sie so viele Sorten wie möglich, dann finden Sie die besten für Suppe, für Gemüse, sogar für Salat und als Mus für den Kuchen. Kürbis hat nur wenig Eigengeschmack und verträgt deshalb starke Würze. Typisch bayerisch sind Zitronensaft, Essig, Meerrettich, Majoran, Muskatnuss und Muskatblüte.

Rote Rüben gibt es vorwiegend im Herbst und Winter als Salat: gekocht, in Scheiben geschnitten, mit gehackten Zwiebeln, Kümmel, Essig und Öl. In alten bayerischen Kochbüchern finden Sie auch rote Rüben, die – ähnlich wie Sauerkraut – in einem Bottich milchsauer eingelegt, mit Meerrettich gewürzt und für den Wintervorrat bestimmt waren. Aus dem Gemüsegarten holen moderne Landfrauen auch die kleinen, zarten Sommer-Knollen mit Blättern – für Rohkost mit Kräutern und Vinaigrette.

Der Winter gehörte früher auch den Kohlrüben, in Bayern „Dotschen" genannt. Wegen des hohen Gehaltes an Traubenzucker waren die großen Rüben mit dem appetitlich goldgelben Fruchtfleisch wichtige Energiespender. Sie kamen überall auf den Alltagstisch, in den Bürgerhäusern natürlich seltener als bei der ärmeren Bevölkerung. Kosten Sie das vorzügliche alte Essen mit Schweinefleisch und Rüben (siehe Seite 76), das ich nach einem handgeschriebenen Kochbuch für unseren Geschmack ein bisschen umgemodelt habe. Wer gerne vegetarisch isst: Zu Dotschen passt auch Sahnesoße mit ordentlich Knoblauch,

Unten: Zuckerhutsalat ist eine bayerische Besonderheit.

Auf süß-gehaltvolle Nachspeisen verstehen sich die Bayern besonders gut.

Salbei oder Koriander, etwas Zitronensaft und reichlich Cayennepfeffer. Dazu essen moderne Veggie-Bayern Reiberdatschi, also Kartoffelpuffer.

Und schließlich stelle ich Ihnen auf Seite 70 noch den bayerischen Vetter von Chicorée und Radicchio vor: Zuckerhut. Er wächst wie Rosenkohl, Lauch, Feldsalat und Wintermöhren in bayerischen Bauerngärten. Geerntet erinnern die schlanken Köpfe an Spitzkohl. Erst beim Kosten merkt man den Unterschied: Zuckerhut besitzt den herb-bitteren Geschmack seiner Verwandten aus der großen Zichorienfamilie.

Alles, was schwimmt ...

... gehört in Bayern zur Fastenzeit. Forellen gibt es freitags, Karpfen blau am Heiligen Abend, denn das große Weihnachtsschlemmen beginnt ja erst nach der Christmette. Die Edelfisch-Rezepte für Zander und Waller haben vor Jahrhunderten die Köche reicher Klöster und weltlicher Fürsten erfunden. Gut, aber nicht wirklich originell? Das trifft für die bayerische Fischküche sicher zu – mit einer Ausnahme: Steckerlfisch vom Münchner Oktoberfest. Die einstigen Arme-Leute-Fische Makrele und Hering, an Holzspießen über glimmender Holzkohle gebraten, sind zu Weltruhm gelangt. Das Originalrezept des Wiesn-Schmankerls finden Sie auf Seite 48.

Süße Sachen

Es sind nicht allzu viele verschiedene. Denn was Fremde häufig für typisch bayerische Mehlspeisen halten, stammt in Wirklichkeit aus Österreich wie zum Beispiel der Strudel. Er gehört zur bayerischen Küche wie der Schweinsbraten. Dabei ist er gar nicht urbayerisch, sondern aus der ehemaligen Donaumonarchie der Habsburger „zugewandert". Dorthin wiederum kamen die süßen und salzigen Teigrollen mit üppiger Füllung durch die Türken, die sie von den Arabern übernommen hatten. Wie verschlungen die kulinarischen Wege berühmter Gerichte auch sein mögen – immer haben verschiedene Kulturkreise zusammengewirkt.

Ein süßes bayerisches Traditions-Schmankerl nach einem leichten Essen oder zum Kaffee sind Apfelkrapferl (Rezept Seite 102). Das Rezept stammt aus einem Kochbuch des 19. Jahrhunderts und heißt auch im Original „Krapfen" – dabei sind sie gar kein Schmalzgebäck mehr, sondern fast schon eine Torte. Doch bis heute werden selbst raffinierte Desserts, Kleingebäck oder Kuchen oft noch genannt wie das ländliche Festtagsgebäck: Beim Strudel wurde die Teighülle immer zarter, die Füllung immer erlesener. Ein „Brot" kann ein Kastenkuchen mit Nüssen und Schokolade sein. Knusprige Kekse heißen „Laiberl", flache Kuchen mit Obst und/oder Quarkbelag „Datschi" oder „Platz".

Schließlich gibt es noch die Strauben (siehe Seite 114), das süße fettgebackene Faschingsgebäck – anderswo „Spritzkuchen" genannt. In Bayern heißt es nicht nach der Form, sondern nach der Beschaffenheit des Teiges: „straub" bedeutet „rau". Tatsächlich wirkt der Brandteig nach dem Frittieren viel großporiger als der glatte Hefeteig, aus dem Krapfen oder Ausgezogene bestehen.

Reisen, Sehen und Essen

Das geht in Bayern allemal, denn kulinarische Touristenspektakel gibt es reichlich. Zwei weniger bekannte seien als lockende Beispiele herausgegriffen. Zur „Dreschersuppe" lädt die Stadt Waldkirchen zwischen Passau und Böhmerwald am zweiten Samstag im August ein. Bei diesem Brauchtumsfest geht es informativ zu: So können Sie Sensenschleifen lernen, das ganz alte, mühevolle Dreschen mit Flegeln beobachten und beim Reinigen von Korn und Streu in einer alten „Putzmühle" zusehen. Der Dreschwagen, angetrieben von einer Dampfmaschine, fährt vor, eine Errungenschaft des 19. Jahrhunderts. Damals wurde er von Hof zu Hof geschoben, bis die Getreideernte vollends gedroschen war.

Nachmittags spielt in Waldkirchen dann bayerische Blasmusik zum Dreschertanz auf. Um das leibliche Wohl der Gäste kümmern sich die Gasthöfe der Stadt mit Brotzeiten und Spezialitäten aus der guten alten Zeit.

Das Städtchen Regen, nördlich vom Büchelstein im Bayerischen Wald gelegen, feiert alljährlich im Juli das „Pickelsteiner" oder „Pichelsteiner", ein berühmtes bayerisches Essen, das eigentlich gar nicht auf die bayerische Speisekarte gehört. Das Fest soll seit 1874 stattfinden und beginnt mit dem Aufmarsch des Festkoches samt Gefolge. Das erste Bierfass wird angestochen, abends gibt es Wasserspiele auf dem Regen, einem der Donau-Nebenflüsschen. Fackelwanderung, Konzert und natürlich Pickelsteiner sind die weiteren Attraktionen. Der Name des Essens bleibt

Gänsen aus artgerechter Freilandhaltung sollte man den Vorzug geben.

übrigens rätselhaft – trotz vieler Geschichten, die sich um ihn ranken, kann man ihn nicht klären. Doch woher das Pickelsteiner wirklich kommt, ist klar – aus dem Norden. In Bayern seit Generationen beliebt, ist der Gemüsetopf mit Fleisch vermutlich im 19. Jahrhundert durch einen Berliner „Einwanderer" in den Süden gelangt. Denn die Bayern kochen ja ansonsten keine Eintöpfe aus Kartoffeln, Gemüse und verschiedenen Fleischsorten, sondern höchstens Kraut, dem das „G'selchte" (Räucherspeck) gutes Aroma gibt, oder „Dotschn", die für bayerische Gaumen erst durch ein schönes Stück Schweinefleisch genießbar werden (siehe Seite 76). Sonst essen sie ihr Fleisch fein säuberlich getrennt vom „Zuag'müas" – also von Knödeln, den verschiedenen bayerischen Nudeln, von Gemüse und Salat.

Essen an Kirchweih

Schöne Feste feiern die Bayern mit Gottes Segen und gutem Essen: Nudelsuppe mit Huhn war im alten Bayern die besondere Suppe für Kirchweih, Gans oder Ente mit Blaukraut und Knödel gibt es heute. Typische, leider fast vergessene Beilage zum großen Braten sind klassische altbayerische Kartoffelknödel aus Semmel- und Kartoffelteig (siehe Seite 82).
Geflügel zu Kirchweih unterstreicht übrigens den ländlichen Charakter des Festes: Das Federvieh gehörte einst zu den Lebensmitteln, die man dem Grundherrn abliefern musste, und die Gans, die im eigenen Backofen landete, galt deshalb als Festtagsbraten. Schweine wurden erst später im Jahr für den Wintervorrat geschlachtet.
Am Vorabend wird die Kirchweih-Gans eingewürzt, das heißt kräftig mit Salz und Pfeffer eingerieben und mit einem Küchentuch abgedeckt kühl gestellt. Dann schmeckt das Fleisch besonders würzig. Das ausgebratene Fett kommt abends auf den Tisch: Mit Pfeffer und Salz gewürzt, schmeckt es ausgezeichnet zu dunklem Bauernbrot, Rettich, Radieschen, Tomaten und/oder fein zerkleinerten Kräutern. Der Rest ruht im Kühlschrank als Schmorfett für die herbstlichen Kraut- und Rübengerichte. Übrigens ist Gänsefett viel gesünder als Butter oder Schmalz, weil es einfach ungesättigte – cholesterinfreundliche – Fettsäuren enthält.
Auf dem Land geht es zu Kirchweih noch richtig „zünftig" zu. Man trifft sich in vielen Dörfern nach der Kirche zum gemeinsamen Essen – sei es im Wirtshaus oder einem Vereinsheim. Aufs opulente Mittagsmahl folgen Kaffee und Süßes: runde und viereckige Schmalzküchel, Zwetschgendatschi, Guglhupf, Apfelküchel, Zwetschgenbavesen und Hefezopf. Oberpfälzerinnen backen einen Käsekuchen aus Hefeteig und einem Belag aus Grießbrei, Topfen, Eiern, Butter, Weinbeeren, Mandeln und tüchtig Zucker.

So isst man sich in Bayern fröhlich durchs Jahr – „an Guadn" wünsche ich Ihnen dazu!

Tipp Für eine kräftige Brühe nimmt man Querrippe oder Brustspitz. Dazu noch ein Stückchen Ochsenschwanz (siehe S. 72) oder ein paar Suppenknochen.

Gemüsesuppe mit Rindfleisch

Zutaten für 4 – 5 Personen

500 g Rindfleisch zum Kochen
1 Lorbeerblatt
1 TL schwarze Pfefferkörner
1 Zwiebel
1 Bd Suppengrün
Salz
1 große Kartoffel (fest kochende Sorte)
1 große Möhre
100 g grüne Bohnen
250 g Weißkohl
1 dünne Stange Porree
schwarzer Pfeffer
2 EL Schnittlauchröllchen

- Fleisch mit Lorbeerblatt und Pfefferkörnern in einen großen Topf geben
- Etwa 1 1/2 l kaltes Wasser zugießen und zugedeckt bei schwächster Hitze langsam zum Kochen bringen; das dauert etwa 1 1/2 Stunden
- Die Zwiebel abziehen, halbieren und grob zerkleinern
- Suppengrün putzen und waschen
- Beide Zutaten und Salz zum Fleisch geben, sobald die Brühe siedet
- Brühe weitere 15 bis 30 Minuten sieden, bis das Fleisch gar ist
- Das Fleisch herausnehmen und würfeln
- Brühe durch ein Sieb gießen, etwas abkühlen lassen und nach Wunsch entfetten
- Die Kartoffel und die Möhre schälen, waschen und in kleine Würfel schneiden
- Die gewaschenen Bohnen putzen und in Stücke schneiden, den Weißkohl putzen und in Streifen teilen
- Porree putzen, waschen und mit allen saftigen grünen Blättern in Ringe schneiden
- Die Brühe wieder zum Kochen bringen
- Kartoffeln und Gemüse darin aufkochen und zugedeckt bei mittlerer Hitze 5 Minuten garen
- Fleischwürfel zugeben, aufkochen und noch einmal etwa 5 Minuten garen, bis Kartoffeln und Gemüse weich sind
- Mit Salz und einer kräftigen Prise Pfeffer abschmecken
- Mit Schnittlauch bestreut anrichten.

Mit übrig behaltenem Fleisch aus der Suppe machen die Bayern „Tiroler G'röstl“. Es wird klein geschnitten und geröstet mit Kartoffelscheiben und Zwiebelringen. Zuletzt kommen Eier drüber. Bestreut wird das Essen mit Schnittlauchröllchen, dazu gibt es Salat und/oder dicke Essiggurken.

Gelbe-Rüben-Suppe

Zutaten für 4 Personen

400 g Möhren (Gelbe Rüben)
1 kleine rote Zwiebel
1/2 Bd glatte Petersilie
1 EL Olivenöl
1 TL Mehl
200 g Crème fraîche
3/4 l Fleischbrühe (siehe Tipp S. 20)
Salz
weißer Pfeffer
1 Prise gemahlenes Lebkuchengewürz
1 Prise brauner oder weißer Zucker

- Die Möhren waschen und schälen oder schaben
- Zuerst längs in dünne Scheiben, dann in streichholzdünne Stifte schneiden
- Die Zwiebel abziehen und klein würfeln
- Die Petersilie waschen, knapp 1 Hand voll der Blätter abzupfen und beiseite legen
- Den Rest der Petersilie – Blätter und Stiele – fein zerkleinern
- Das Öl in einem Topf erhitzen
- Gemüsestifte, die zerkleinerte Petersilie und die Zwiebel darin bei mittlerer Hitze unter Rühren anbraten, bis sie leicht gebräunt sind
- Mehl und etwa zwei Drittel der Crème fraîche unterrühren
- Die Brühe unter Rühren zugießen
- Suppe aufkochen und zugedeckt bei schwacher Hitze etwa 10 Minuten garen
- Die Suppe mit Salz, Pfeffer, Lebkuchengewürz und Zucker abschmecken
- Die übrig behaltenen Petersilienblättchen ebenfalls fein zerkleinern
- Die Suppe zum Servieren mit Petersilie bestreuen und jeweils einen Klecks Crème leicht unterrühren.

Vermutlich aus Frankreich zugewandert, jedenfalls sehr typisch für bayerische Gemüsesuppe sind Croûtons, hierzulande „Bröckerl" genannt. Die Würfelchen aus Weizenbrötchen (Semmeln) oder Mischbrot werden meist in Butterschmalz geröstet. Übrigens reicht die Vorliebe für „gebähtes", also knusprig geröstetes Brot in Suppen oder Tunken bis ins Mittelalter zurück.

Tipp

Junge sommerliche Bundmöhren werden geschabt, große Herbst- und Wintermöhren sollten Sie schälen. Zu Möhren passen würzige Kräuter wie Petersilie, Sellerie- oder Fenchelgrün, Kerbel oder Rucola. Und sie brauchen Süßes, um ihr bestes Aroma zu geben. Deshalb die Prise Zucker zum Abschmecken.

Semmelsuppe mit Bratwurst

Zutaten für 4 Personen

1–2 helle Weizenbrötchen (Semmeln)

1 Bd Majoran

1 l Fleischbrühe (siehe Tipp S. 20)

1–2 frische rohe Bratwürste (je nach Größe)

2 Eigelb

Salz

weißer Pfeffer

geriebene Muskatnuss

1 EL fein zerkleinerte Petersilie

- Den Backofen auf 250 °C (Umluft 230 °C, Gas Stufe 5) vorheizen
- Die Brötchen in etwa 1/2 cm dicke Scheiben schneiden, auf ein Backblech legen und in den heißen Ofen (mittlere Schiene) schieben
- In etwa 6 Minuten hellbraun und knusprig rösten, dabei einmal wenden
- Die Schnitten in eine große Suppenterrine geben
- Den Majoran waschen, trockentupfen, fein zerkleinern und mit der Fleischbrühe in einem Topf aufkochen
- Die Wurstmasse aus der Haut in kleinen Klößchen in die Suppe drücken oder die Wurst in Scheiben schneiden, zur Suppe geben und bei mittlerer Hitze 5 Minuten ziehen lassen
- Noch einmal bis knapp unter den Siedepunkt erhitzen
- Die Eigelbe mit 1 EL kaltem Wasser und 2 bis 3 EL heißer Suppe verquirlen
- In die Suppe rühren, mit Salz, Pfeffer und einer kräftigen Prise Muskatnuss abschmecken und über die Brotscheiben in der Terrine gießen
- Die Semmelsuppe zugedeckt etwa 2 Minuten ziehen lassen
- Mit der Petersilie bestreut servieren.

Diese Semmelsuppe ist ein sehr altes Gericht. Die Aufzeichnungen des Frauenklosters Obermünster in Regensburg nennen sie schon 1743 als Essen für die Dienstboten. Nur die Bratwurst-Knödelchen als Einlage sind modern.

Tipp

Mit einem Brötchen bekommen Sie eine leichte Vorsuppe, mit zweien einen handfesten bayerischen Suppentopf – genau richtig vor einer ebenso handfesten bayerischen Mehlspeise.
Für die Klößchen brauchen Sie rohe Bratwurst, deren Teig sich aus der Haut drücken und formen lässt. Geräucherte Bratwürste eignen sich dafür nicht.

Kräutersüppchen

Zutaten für 4 Personen

2 EL Olivenöl

1 TL Butterschmalz

40 g Weizengrieß

1 l kräftige Hühner- oder Fleischbrühe

Salz

weißer Pfeffer

1 Msp gemahlene Muskatblüte (Mazis)

1 Bd Schnittlauch

50 g gemischte frische Kräuter

4 EL süße Sahne

1 TL Zitronensaft

- Öl und Butterschmalz in einem Topf zerlassen, Grieß darin bei mittlerer Hitze etwa 1 Minute unter Rühren rösten
- Die Brühe nach und nach zugießen und dabei weiterrühren, bis die Suppe glatt ist
- Mit Salz, Pfeffer aus der Mühle und Muskatblüte würzen, aufkochen und zugedeckt bei schwacher Hitze 15 Minuten garen
- Inzwischen Schnittlauch waschen, trockentupfen, in feine Röllchen schneiden und zum Bestreuen beiseite stellen
- Die Kräuter waschen, trockenschwenken und fein zerkleinern
- Mit der Sahne und dem Zitronensaft in die Suppe rühren und kurz erhitzen, aber nicht mehr aufkochen
- Die Suppe auf vorgewärmten Tellern verteilen und mit dem Schnittlauch bestreut servieren.

Einst kochte man diese typische Gründonnerstagssuppe nur mit Kerbel, dem „Kreutl". Inzwischen nimmt man alle Frühjahrskräuter, die man bekommen kann: Petersilie, Schnittlauch, Pimpinelle, Kerbel, Brunnenkresse, Estragon, Sauerampfer, Dill und Zitronenmelisse. Nur frisch muss das Grünzeug sein, damit es der Suppe auch Aroma gibt.

TIPP Ein ganzer Kürbis eignet sich gut zum Lagern – kühl und trocken können Sie ihn monatelang aufbewahren. Erst wenn Sie ihn angeschnitten haben, müssen Sie ihn wie anderes Frischgemüse rasch verbrauchen.

Kürbissuppe

Zutaten für 4 Personen

- 400 g Kürbis (mit Schale und Kernen gewogen)
- 1 Zwiebel
- 1 – 2 Knoblauchzehen
- 1 EL Butterschmalz
- 1/2 EL Mehl
- 3/4 l Hühner- oder Gemüsebrühe
- 1/8 l Milch
- Salz
- weißer Pfeffer
- 1 Msp gemahlene Muskatblüte (Mazis)
- 1 TL Zitronensaft
- 1 EL fein zerkleinerte Petersilie
- 4 EL saure Sahne

- Den Kürbis schälen, Kerne entfernen, Fruchtfleisch in kleine Würfel schneiden
- Die Zwiebel und den Knoblauch abziehen und fein würfeln
- Das Butterschmalz erhitzen, Kürbis, Zwiebel und Knoblauch darin bei schwacher Hitze glasig braten
- Das Mehl unterrühren und goldgelb anrösten
- Die Brühe langsam zugießen und rühren, bis die Suppe glatt ist
- Mit Salz, Pfeffer und Muskatblüte würzen, aufkochen und zugedeckt bei schwacher Hitze 10 Minuten garen
- Den Kürbis pürieren oder mit dem Kartoffelstampfer fein zerdrücken
- Milch unterrühren, Suppe mit Zitronensaft abschmecken und noch einmal erhitzen, aber nicht aufkochen
- Auf gut vorgewärmte Portionsteller geben und einen Löffel saure Sahne auf jede Suppenportion setzen
- Sahne mit einer Gabel leicht unterrühren, Suppe mit Petersilie bestreuen und sofort servieren.

Riesenkürbisse wiegen bis zu 50 Kilogramm und werden dann in Stücken verkauft. Üblich sind inzwischen aber kleinere Exemplare, auch von Moschus- und Gartenkürbis. Besonders gut für die Suppe eignet sich kugeliger „Butterball“ mit dunkelgrüner bis orangefarbener Schale und schönem goldgelbem Fruchtfleisch. Diese japanische Variante des Riesenkürbis kocht so mehlig wie Kartoffeln. Das weiche Kürbisfleisch in der Suppe dann nur zerdrücken, die Bindung mit Mehl ist nicht notwendig.

Brotsuppe nach Art der Drescher

Zutaten für 4 Personen

125 g altbackenes, hartes Roggen- oder Weizenmischbrot

1 – 1 1/2 Würfel Fleischbrühe-Extrakt

1/2 TL Paprikapulver edelsüß

1 kräftige Prise getrockneter Majoran

2 kleine Zwiebeln

1 Bd Suppengrün

1 großes Bd Schnittlauch

2 EL Öl

3 EL süße Sahne

Salz

weißer Pfeffer

- Das Brot mit 1 l kaltem Wasser übergießen und zugedeckt über Nacht in einem kühlen Raum einweichen
- Am nächsten Tag mit dem Einweichwasser aufkochen und pürieren
- Fleischbrühe-Extrakt, Paprika und Majoran zugeben und zugedeckt heiß halten, damit die Suppe gut durchziehen kann
- Die Zwiebeln abziehen und in feine Ringe schneiden
- Das Suppengrün und den Schnittlauch waschen und getrennt fein zerkleinern
- Das Öl In einem Topf erhitzen, Zwiebel und Suppengrün darin bei schwacher Hitze anbraten, bis die Zwiebel glasig ist
- Das pürierte Brot zugeben und alles bei starker Hitze unter Rühren einige Sekunden schmoren
- So viel Wasser zugeben, bis die Suppe die gewünschte Konsistenz hat
- Einmal kräftig aufkochen und zugedeckt bei schwacher Hitze noch 5 Minuten kochen lassen
- Die Sahne untermischen, die Suppe mit Salz und Pfeffer abschmecken und mit dem Schnittlauch bestreuen.

Kräftige Brotsuppe gab es früher im Bayerischen Wald nach dem Dreschen. Damals, als die Leute das Getreide noch auf dem Holzboden der Tenne ausbreiteten und in Handarbeit dreschen mussten, gehörte Dreschen zu den schwersten Arbeiten, die auf dem Hof anfielen. Die Bäuerin kochte für Knechte und Tagelöhner die Suppe und „schmälzte“ sie mit Zwiebelringen, die sie in reichlich Schmalz gebraten hatte.

Tipp

Sie können die Nockerl auch in der Brühe kochen. Doch separat wie im Rezept beschrieben geht es einfacher und die Nockerl garen gleichmäßig.

Gemüsesuppe mit Butternockerl

Zutaten für 4–5 Personen

Für die Nockerl:

80 g weiche Butter

Salz

schwarzer Pfeffer

frisch geriebene Muskatnuss

4 Eier

125 g Mehl

Für die Suppe:

200 g Spitzkohl oder Weißkohl

2 kleine Möhren

2 kleine Zucchini

1 kleine Stange Porree

1 Knoblauchzehe

2 EL Olivenöl

1 l Fleisch- oder Gemüsebrühe

Salz

1–2 EL Schnittlauchröllchen

- Für die Nockerl Butter mit Salz, Pfeffer und Muskat schaumig rühren und nach und nach abwechselnd Eier und Mehl unterrühren
- Zugedeckt ruhen lassen, bis das Gemüse vorbereitet ist
- Das Gemüse putzen, waschen oder schälen und zerkleinern: Den Kohl in kleine Stücke, die Möhren in Stifte, Zucchini in dicke Scheiben, Porree in fingerbreite Stücke schneiden, dabei die saftigen grünen Blätter mitverwenden
- Den Knoblauch abziehen und fein zerkleinern
- Für die Butternockerl reichlich Salzwasser zum Kochen bringen
- Einen Esslöffel in kaltes Wasser tauchen und vom Teig damit Klößchen (Nockerl) abstechen
- Die Nockerl im Salzwasser zugedeckt bei schwacher Hitze zuerst 5 Minuten kochen, dann bei schwächster Hitze oder auf der abgeschalteten Kochstelle 10 Minuten ziehen lassen
- Das Gemüse im heißen Öl unter Rühren dünsten, bis die Porreeringe glasig sind
- Die Brühe zugießen, aufkochen und die Suppe zugedeckt bei schwacher Hitze 5 bis 10 Minuten kochen, bis das Gemüse gerade eben weich ist
- Die gut abgetropften Butternockerl in vorgewärmte Teller geben
- Suppe mit Salz abschmecken und auf den Nockerl verteilen.

Butternockerl sind als bayerische Suppeneinlage so typisch wie Grießnockerl, dabei viel leichter zuzubereiten. Schnittlauch oder Petersilie gehört auf die meisten bayerischen Suppen – ob klar oder gebunden, ob mit Gemüse oder einfach nur als Brühe mit „was drin“.

Endiviensuppe

Zutaten für 4 Personen

50 g Butter
40 g Dinkelmehl
1 l Hühner- oder Gemüsebrühe
Salz
1/4 TL Paprikapulver edelsüß
1 Msp gemahlene Muskatblüte (Mazis)
abgeriebene Zitronenschale
50 g Endiviensalatblätter
1 Bd Schnittlauch
2 dünne Scheiben Mischbrot
1 EL Öl
4 EL süße Sahne
1 TL Zitronensaft

- Die Butter in einem Topf zerlassen, das Mehl darin bei mittlerer Hitze unter Rühren leicht anrösten
- Die Brühe nach und nach zugießen und dabei weiterrühren, bis die Suppe glatt ist
- Mit Salz, Paprika, Muskatblüte und Zitronenschale würzen, aufkochen und zugedeckt bei schwacher Hitze etwa 10 Minuten garen
- Inzwischen die Salatblätter waschen und in feine Streifen schneiden
- Den Schnittlauch waschen, trockentupfen und in Röllchen schneiden
- Das Brot würfeln und im heißen Öl bei schwacher Hitze knusprig rösten
- Endiviensalat mit Sahne und Zitronensaft in die Suppe rühren
- Die Suppe noch einmal erhitzen, aber nicht mehr aufkochen und auf vorgewärmten Tellern verteilen
- Mit den Brotwürfeln und dem Schnittlauch bestreuen.

Tipp
Sehr fein geschnitten entwickeln Endivie und Schnittlauch das meiste Aroma.

Am besten schmeckt die Suppe mit selbst gekochter, kräftiger Hühnerbrühe, die sich wunderbar mit der herben Endivie ergänzt. Natürlich können Sie auch Gemüsebrühe nehmen – das ist zwar nicht original bayerisch, aber für moderne Köchinnen durchaus akzeptabel. Allerdings brauchen Sie eine wirklich aromatische selbst gemachte Brühe aus kräftig in Olivenöl angerösteter Zwiebel, der Sie noch 1 bis 2 EL Tomatenmark beigeben. Dann kommen etwa 1 kg zerkleinertes Wurzelgemüse, 1 Kräutersträußchen und zerdrückter Knoblauch dazu. Mit 1 1/2 l Wasser aufgießen und 30 Minuten köcheln lassen.

Krautsalat mit Speck

Zutaten für 4 Personen

1 Kopf Weißkohl (etwa 750 g)

1 TL Salz

100 g durchwachsener Räucherspeck

1 kleine Zwiebel

3 EL Weißweinessig

1/8 l Fleisch- oder Gemüsebrühe

1/2 EL Kümmelkörner

1 TL scharfer Senf

4 EL Öl

schwarzer Pfeffer

- Kohl vierteln, putzen, waschen und in feine Streifen hobeln
- Mit Salz vermischt zugedeckt ziehen lassen, bis die anderen Zutaten vorbereitet sind
- Den Räucherspeck klein würfeln und bei schwacher Hitze unter häufigem Wenden braten, bis das Fett austritt; er soll dabei nicht bräunen
- Zwiebel abziehen, fein zerkleinern, zugeben und unter Rühren glasig braten
- Essig und Brühe zugießen und aufkochen
- Dabei rühren, bis sich der Bratensatz gelöst hat
- Kümmel, Senf und Öl unterrühren
- Kraut mit dieser Marinade vermischen und zugedeckt bei Zimmertemperatur etwa 3 Stunden ziehen lassen
- Den Krautsalat mit reichlich Pfeffer aus der Mühle würzen und noch einmal mit Salz abschmecken.

Krautsalat ist auch außerhalb der weiß-blauen Grenzen bekannt – meist mit, manchmal auch ohne ausgebratene Speckwürfel. „Bayerisch“ ist er nur mit Weißkohl; Rotkohl oder Sauerkraut kochen bayerische Hausfrauen als Gemüse. Für den Salat schneidet man das Kraut möglichst fein – in Bayern gibt es dafür einen eigenen Hobel –, damit es viel Salatsoße aufnimmt und beim Ziehen schön mürbe wird. Und ganz wichtig: eine ordentliche Portion Kümmelkörner, die im Salat ziehen und ihn dabei würzen.

Tipp

Krautsalat ist Beilage zu bayerischem Schweinsbraten und schmeckt wunderbar zu Gerichten der alten Bauernküche, die heute kaum noch jemand kennt: herzhaften Dampfnudeln (Rezept Seite 100) oder Schuchsen aus Roggenteig mit Quark. Frisch gebacken, warm und knusprig aus der Pfanne, erinnern diese an Fladenbrot.

Saurer Presssack

Zutaten für 4 – 5 Personen

400 g schwarzer und weißer Presssack gemischt

2 kleine rote Zwiebeln

1 Bd Schnittlauch

Saft und dünn abgeschälte Schale von 1/2 Zitrone

3 EL milder Weißweinessig

3 EL Öl

Salz

schwarzer Pfeffer

- Den Presssack in möglichst feine Streifen schneiden und auf einer großen Platte anrichten
- Die Zwiebeln schälen und in feine Ringe schneiden
- Schnittlauch und Zitronenschale fein zerkleinern
- Alles über dem Presssack verteilen
- Zitronensaft, Essig, 5 bis 6 EL kaltes Wasser und Öl vermischen, mit Salz kräftig abschmecken und über das Fleisch gießen
- Mit reichlich grobem Pfeffer aus der Mühle würzen und vor dem Servieren etwa 1 Stunde zugedeckt an einem kühlen Ort, aber nicht im Kühlschrank ziehen lassen
- Dazu passt Bauernbrot oder „Remische" (siehe unten) mit Butter.

„Remische", „Riemische" oder „Römische", knusprige Roggenbrötchen mit Kümmel, können Sie in Bayern bei jedem Bäcker kaufen. Die Bedeutung des Wortes lässt sich nur vermuten. Die kleinen feinen Semmeln heißen so wie das Mehl, aus dem sie gebacken werden. „Riemisch" oder auch „Römisch" war das beste Roggenmehl – fein gemahlen und fast frei von Kleie. Oft hört man noch, dass ein Bäckermeister namens „Remisch" die Semmeln erfunden haben soll. Dieser Mann ist seinerseits bloße Erfindung.

TIPP

Die Marinade zum Presssack können Sie nur mit 1 Teil Essig und 2 Teilen Öl – wie die klassische Vinaigrette – mischen. Das ist aber recht mächtig und nicht jedermanns Sache.

TIPP Wenn Sie Gurkenflüssigkeit und/oder Balsamessig verwenden, sparen Sie auch die kräftige Prise Zucker, die an jeden typisch bayerischen Salat gehört.

Wurstsalat mit Beilage

Zutaten für 4 Personen

- 200 g Fleischwurst im Ring (Lyoner)
- 1 Zwiebel
- Salz
- schwarzer Pfeffer
- 6 EL milder Essig
- 2 EL Gurkenflüssigkeit (siehe Tipp)
- 3 EL geschmacksneutrales Öl
- 1 Bd Schnittlauch
- 1 Bd Radieschen
- 2 Essiggurken
- 100 g Hausmachersenf (siehe S. 44) oder Münchner Weißwurstsenf

- Die Wursthaut abziehen, Wurst in etwa 3 mm dünne Scheiben schneiden und kreisförmig auf einer Platte anrichten
- Zwiebel abziehen, in hauchdünne Ringe schneiden und auf der Wurst verteilen
- Mit wenig Salz und reichlich grobem oder feinem Pfeffer aus der Mühle würzen
- Essig, Gurkenflüssigkeit und Öl vermischen und über den Salat geben
- Zugedeckt 45 Minuten durchziehen lassen, dabei kühl, aber nicht in den Kühlschrank stellen
- Zum Servieren den Schnittlauch waschen, trockentupfen und in feine Röllchen schneiden
- Die gewaschen Radieschen und die abgetropften Gurken in kleine Würfel oder ebenfalls in dünne Scheiben schneiden
- Schnittlauch, Radieschen, Gurken und Senf in getrennte Schälchen geben und zum Wurstsalat anrichten.
- Mit Kümmelbrötchen, Vollkornbrötchen oder kräftigem Bauernbrot und Butter servieren.

Ins bayerische Original dürfen eigentlich nur Wurst, Zwiebel, Salz, Pfeffer, Essig und Öl – nicht einmal Schnittlauch als Garnierung entspricht dem Ursprungsrezept. Doch auch Bayern essen mittlerweile gesünder und haben folglich das „Drumherum“ an Gemüse, Kräutern und Brot als Hauptsache zum „Fleischigen“ entdeckt.
Der neue Wurstsalat in seiner oberbayerischen Version mit der Fleischwurst „Leoni“, anderswo „Lyoner“ genannt, kommt deshalb gleich mit den passenden Beilagen auf den Tisch – allerdings fein säuberlich getrennt in Schälchen, damit auch Puristen ihn genießen können.

Kartoffelkäse mit Kräutern

Zutaten für 4 Personen

500 g mehlig kochende Kartoffeln

Salz

weißer Pfeffer

3 EL Olivenöl

1 kleine Zwiebel

1 Knoblauchzehe

je 2 Zweige Majoran, Petersilie und Rucola

1/2 TL abgeriebene Zitronenschale

etwa 100 g saure Sahne

1 Bd Schnittlauch

- Die Kartoffeln waschen und mit der Schale in wenig Wasser sehr weich kochen
- Kalt abschrecken, noch heiß schälen und mit einer Gabel fein zerdrücken oder durch die Kartoffelpresse drücken
- Mit Salz, einer kräftigen Prise Pfeffer und 1 EL Öl mischen und gerade eben abkühlen lassen
- Die Zwiebel und den Knoblauch abziehen, fein zerkleinern und im restlichen Öl bei schwacher Hitze goldgelb und weich dünsten
- Majoran, Petersilie und Rucola waschen, trockentupfen und sehr fein zerkleinern, dabei alle harten Stiele entfernen
- Kartoffeln mit der Zwiebelmischung einschließlich Bratöl, den Kräutern und der Zitronenschale vermischen, dabei so viel saure Sahne unterrühren, dass die Masse die Konsistenz von dickem Kartoffelpüree hat
- Eine Schüssel mit kaltem Wasser ausspülen, die Kartoffelmasse darin glatt streichen und festdrücken
- Zugedeckt im Kühlschrank etwa 2 Stunden ruhen lassen
- Schnittlauch waschen, trockentupfen und in feine Röllchen schneiden
- Den Kartoffelkäse auf einen Teller stürzen, mit grobem Pfeffer aus der Mühle und dem Schnittlauch bestreuen und mit Bauernbrot, Butter und Radieschen servieren.

Kartoffelkäse mit kräftigem Brot ist eine Spezialität der Holledau, dem bayerischen Anbaugebiet für Hopfen.
Die Hopfenzupfer wurden damit preiswert und nahrhaft bewirtet.

Feine Kräutertorte

Zutaten für 4–5 Personen

Für den Teig:

150 g Dinkelmehl

Salz

etwas abgeriebene Zitronenschale

geriebene Muskatnuss

75 g Butter

Für den Belag:

700 g Spinat

je 2 Bd Lauchzwiebeln und Petersilie

50 g Brunnenkresse

4 EL Öl

100 g Emmentaler oder Bergkäse

150 g Schmant

Salz

Cayennepfeffer

geriebene Muskatnuss

1/4 TL gemahlener Koriander

- Mehl, Salz, Zitronenschale, Muskatnuss, 3 EL kaltes Wasser und die in Stücke geschnittene Butter mit den Knethaken des Handrührgerätes vermischen
- Mit den Händen rasch zu einem glatten Mürbeteig verkneten, dabei gegebenenfalls noch kaltes Wasser untermischen
- Eine Springform von 26 cm Durchmesser damit auslegen und rundherum einen etwa 4 cm hohen Rand hochdrücken
- Den Teigboden mit einer Gabel mehrmals einstechen und kühlen, bis der Belag vorbereitet ist
- Spinat, Lauchzwiebeln, Petersilie und Brunnenkresse waschen und fein zerkleinern
- Das Öl in einer großen Pfanne erhitzen, Spinat, Kräuter und Lauchzwiebeln darin bei starker bis mittlerer Hitze unter Rühren schmoren, bis die Flüssigkeit, die sich bildet, wieder verdampft ist
- Abkühlen lassen
- Inzwischen den Backofen auf 200 °C (Umluft 180 °C, Gas Stufe 3) vorheizen
- Den Käse reiben
- Den Teigboden in den heißen Backofen (mittlere Schiene) schieben und 10 Minuten vorbacken
- Die Kräutermischung mit Käse und Schmant mischen, mit Salz, Cayennepfeffer, Muskat und Koriander kräftig würzen
- Den Belag auf dem Teigboden verteilen
- Die Kräutertorte etwa 30 Minuten backen, bis sie oben leicht gebräunt ist.

Das Rezept ist etwa 450 Jahre alt. Es stammt aus einem Kochbuch der Augsburger Patrizierfamilie Welser, damals so reich und berühmt wie die Fugger. Der Original-Kräuterbelag ist viel mächtiger, als wir es heute mögen. Je eine Hand voll Ysop und Gundermann, zehn Blätter Salbei, 20 Blätter Pfefferminze und eine Hand voll Frauenminze. Außerdem zwei Pfund Rosinen, fünfzehn Eier, ein halbes Pfund Zucker und reichlich frische Butter.

Laugenbrezeln

Zutaten für 20 Stück
1 Würfel frische Hefe (42 g)
1/2 TL Zucker
1/2 l lauwarme Milch
1500 g Mehl
knapp 1 EL feines Salz
2 EL Öl
3 EL Natron (siehe Tipp)
grobes Salz zum Bestreuen

- Für den Vorteig die Hefe zerkrümeln und in eine kleine Schüssel geben
- Mit dem Zucker vermischen, mit 6 EL Milch glatt rühren und zugedeckt bei Zimmertemperatur etwa 15 Minuten ruhen lassen
- Die halbe Menge Mehl mit Salz, Öl und der restlichen Milch zu einem flüssigen Teig rühren
- Den Vorteig untermischen
- Mit den Knethaken oder einem Kochlöffel weiterschlagen und dabei nach und nach löffelweise das restliche Mehl untermischen, bis der Teig glänzt, ganz glatt ist, Blasen bildet und sich vom Schüsselrand löst
- Teig mit etwas Mehl bestreuen und zugedeckt kalt etwa 12 Stunden oder bei Zimmertemperatur etwa 45 Minuten gehen lassen, bis der Teig sein Volumen ungefähr verdoppelt hat
- Auf wenig Mehl den Teig einige Male durchkneten und zu einer etwa 20 Zentimeter langen Rolle formen
- Die Rolle in 20 Stücke teilen, jedes Stück zu einem etwa 50 Zentimeter langen Strang formen und zu einer Brezel zusammenlegen
- Den Backofen auf 180 °C (Umluft 160 °C, Gas Stufe 4) vorheizen
- 2 l Wasser mit Natron 10 Minuten sprudelnd kochen lassen
- Einige Brezeln nacheinander in das Wasser geben
- Etwa 20 Sekunden kochen lassen, dabei mit einem Schaumlöffel immer wieder untertauchen

TIPP

Natron bekommen Sie in Supermärkten. Die Tütchen finden Sie meist im Gewürzregal, denn Natron nimmt man auch zum Weichkochen von Hülsenfrüchten.

Nur durchs Kochen in Natronwasser verwandeln sich mürbe Hefebrezeln in knusprige Laugenbrezeln, die nach dem Backen appetitlich glänzen und an der dicksten Stelle etwas aufgesprungen sind. Zum Formen drücken Sie zunächst jedes Teigstück zu einer etwa zwei Finger langen Wurst auseinander. Wurst an beiden Enden fassen und wie ein Seil vorsichtig schwingen – entweder auf der Arbeitsfläche oder in der Luft. Dabei dehnt sich der Teig immer mehr zu dem Strang, den Sie für die Brezel brauchen

- Mit dem Schaumlöffel herausnehmen und zum Abtropfen auf ein Kuchengitter legen
- Die gekochten Brezeln auf ein gefettetes Backblech legen und mit grobem Salz bestreuen
- In den heißen Backofen (mittlere Schiene) schieben und etwa 20 Minuten backen
- Währenddessen die nächste Portion Brezeln kochen
- Die gebackenen Brezeln zum Abkühlen auf ein Kuchengitter legen.

Senf Hausmacherart

Zutaten für etwa 4 Gläser à 125 g

- 1 mittelgroße Zwiebel
- 150 ml Weißweinessig
- 150 ml Apfelwein (Cidre)
- 2 Lorbeerblätter
- 50 g gelbes Senfmehl
- 50 g rotes oder braunes Senfmehl
- 75 g Zucker
- 1 EL gelbe Senfkörner
- 1 TL Salz

- Die Zwiebel abziehen und in Scheiben schneiden
- Mit Essig, Apfelwein und Lorbeerblättern in einen Topf geben, einmal aufkochen und zugedeckt bei schwächster Hitze 30 Minuten kochen lassen
- Durch ein Sieb in eine Schüssel gießen
- Senfmehl und Zucker mit einem Schneebesen unter den Sud rühren
- Zum Schluss die Senfkörner und das Salz untermischen
- Falls der Senf zu dick ist, noch etwas Essig oder Apfelwein untermischen
- Senf in saubere Twist-off-Gläser geben, gut verschließen und im Kühlschrank 2 Tage durchziehen lassen.

Dieser typisch bayerische „süße" Senf gehört natürlich zu den berühmten Münchner Weißwürsten. Außerdem passt er zu Wurstsalat (siehe S. 36), Leberkäse oder zum Kronfleisch, das man noch heute in Traditionsgaststätten ab 11 Uhr bekommt.

Tipp

Senfpulver bekommen Sie in Naturkostläden, auf großen Wochenmärkten und in Feinkostgeschäften. Die gewünschte Schärfe können Sie selbst bestimmen: Braunes oder rotes Senfpulver ist viel schärfer als gelbes. Die ganzen Senfkörner werden beim Durchziehen weich. Der Senf hält sich im Kühlschrank genauso gut wie fertig gekaufter. Falls er beim Lagern trocken wird, verrührt man ihn mit etwas mildem Obst- oder Balsamessig.

Pfingstrührei

Zutaten für 6 Personen

8 Eier

1 EL Crème fraîche

Salz

weißer Pfeffer

1 kräftige Prise Paprikapulver rosenscharf

geriebene Muskatnuss

1 – 2 Hand voll gemischte Frühlingskräuter (z. B. Petersilie, Bärlauch, Zitronenmelisse, Estragon, Brunnenkresse, Rucola)

2 EL Öl und 1 EL Butterschmalz zum Braten

- Die Eier mit der Crème fraîche, Salz, grobem Pfeffer aus der Mühle, Paprikapulver und Muskatnuss verquirlen
- Die Kräuter waschen, trockentupfen, ganz fein zerkleinern und darunter mischen
- Öl und Butterschmalz in einer großen beschichteten Pfanne bei mittlerer Hitze heiß werden lassen
- Die Eier darin bei schwacher Hitze stocken lassen, bis sie am Rand fest, in der Mitte aber noch flüssig sind
- Eier vom Rand der Pfanne mit einem Spatel zusammenschieben und weiterbraten, bis sie ganz gestockt, aber noch feucht sind.

TIPP

Genau richtig für den bayerischen Pfingst-Brunch mit netten Menschen: saftiges Rührei zu kräftigem Schwarzbrot und Tomaten.

Zu diesem Essen hat mich ein Brauch aus dem Bayerischen Wald inspiriert. Am Pfingstsamstag gehen junge Männer aus Jugendgruppe, Schützenverein oder Freiwilliger Feuerwehr von Haus zu Haus. Angetan mit breitkrempigen Hüten, dicken Regenmänteln und Gummistiefeln tragen sie das „Pfingstsingerlied" vor und sammeln dafür als Belohnung rohe Eier in einem mit Heu ausgepolsterten Korb. Der eigentliche Spaß dabei ist jedoch ein möglichst großer Eimer kaltes Wasser. Kundige zielen dabei brauchgerecht so, dass die Jungs ihre Dusche gerade über den Kopf bekommen, Zaghafte oder Zugezogene schütten ihnen das Wasser nur nach.
Abends im Wirtshaus wird gemeinsam gefeiert. Die Eier – dreißig bis fünfzig fordern die Sänger in ihrem Lied – kommen zu später Stunde als Rühr- oder Spiegeleier auf den Tisch.

Münchner Steckerlfisch

Zutaten für 4 Personen

4 küchenfertige frische Makrelen (je ca. 200 g)

Saft von 1 Zitrone

Salz

schwarzer Pfeffer

4 EL Mehl

8–12 frische Salbeiblätter

8 Zitronenschnitze zum Garnieren

- Die Salbeiblätter waschen und trockentupfen
- Die Makrelen innen und außen kalt abspülen und trockentupfen
- Die Bauchhöhle mit den Salbeiblättern füllen und mit Zitronensaft beträufeln
- Fische innen und außen kräftig mit Salz und Pfeffer würzen
- Im Mehl wenden und der Länge nach auf Spieße stecken
- Den Grillrost mit gut geölter Alufolie belegen
- Die Makrelen auf die Folie legen und etwa 15 Minuten grillen, dabei ein- oder zweimal wenden
- Mit den Zitronenschnitzen anrichten
- Dazu passen Brot oder Kartoffelsalat und Bier.

Für Original-Steckerlfisch brauchen Sie einen eigenen Garten. Einen etwa 10 cm tiefen Graben von etwa 1 m mal 50 cm ausheben. Die Erde auf beiden Längsseiten anhäufeln. Den Graben mit glimmender Holzkohle füllen, dabei die Kohle nach und nach schichtweise einfüllen, damit sie gleichmäßig weiterglüht. Sobald sie zu weißer Glut verbrannt ist, eine Reihe Spieße mit den Fischen im Winkel von etwa 45 Grad in den einen Erdhaufen stecken. Die zweite Reihe Fische so in den gegenüberliegenden Erdhügel stecken, dass die Steckerlfische eng nebeneinander braten, sich jedoch nicht berühren. Über diesem Erdgrill können Sie etwa zehn Fische grillen.

Tipp

Bevor Sie den Grill anzünden, die Holzspieße in kaltem Wasser quellen lassen. Dann können sie beim Grillen nicht verbrennen.

Gesulzte Lachsforelle

Zutaten für 4 Personen

1 küchenfertige, frische Lachsforelle (ca. 800 g)
1 Bd Suppengrün
1 kleine Zwiebel
50 g Salz
3 EL Essig
2 Zitronenscheiben
1 Päckchen Fischgewürz
1 dünne Stange Porree
1 Möhre
1 rote Zwiebel
Saft und etwas abgeriebene Schale von 1 Zitrone
schwarzer Pfeffer
1/2 Bd Dill

- Den Fisch innen und außen kalt abspülen
- Das Suppengrün putzen und waschen, die Zwiebel abziehen
- Beide Zutaten grob zerkleinern und mit 2 l Wasser, Salz, Essig, Zitronenscheiben und Fischgewürz in einem großen Topf aufkochen
- Die Lachsforelle in den Sud legen und im offenen Topf bei mittlerer Hitze langsam zum Sieden bringen, bis im Sud kleine Bläschen aufsteigen
- Fisch im halb geschlossenen Topf in etwa 30 Minuten gar ziehen lassen, dabei darauf achten, dass der Sud immer nur perlt, aber nicht sprudelt
- Lachsforelle herausnehmen und lauwarm abkühlen lassen
- Inzwischen den Sud durch ein Sieb gießen und wieder in den Topf geben
- Porree putzen, waschen und in Ringe schneiden, dabei die saftigen grünen Blätter mitverwenden
- Möhre schälen und in dünne Scheiben schneiden
- Gemüse im Sud etwa 2 Minuten sprudelnd kochen lassen, bis es gerade eben weich ist, dann mit einem Schaumlöffel herausnehmen
- Die Lachsforelle filetieren, dabei Haut und Gräten entfernen
- Filets in mundgerechte Stücke teilen
- Die Zwiebel abziehen und in dünne Ringe schneiden
- Fischstücke und Zwiebelringe in eine tiefe Platte legen und Porree und Möhre darüber verteilen

Tipp

Würze ist bei Süßwasserfischen sehr wichtig: Sie müssen den Sud viel kräftiger salzen, als Sie es von Meeresfischen vielleicht gewohnt sind, sonst schmeckt die Forelle fade. Sparen Sie auch nicht mit Gemüse, Säure und Fischgewürz. Den übrig gebliebenen Sud können Sie einfrieren und für feine Fischsoßen verwenden.

Heute essen wir diesen Fischsalat als Imbiss oder leichtes Hauptgericht. In der alten bayerischen Bürgerküche war gesulzter Fisch Vorspeise, oft als Resteverwertung von „blau" gekochtem Karpfen, Saibling, Zander oder Wels. Aufgrund des hohen Eiweißanteils ist die Fischbrühe für die Marinade nach dem Abkühlen so dick wie Aspik, bayerisch „Sulz".

- Etwa 200 ml Fischsud abmessen, mit Zitronensaft, Zitronenschale und reichlich Pfeffer aus der Mühle zur Marinade verrühren und über den Fisch gießen
- Lachsforelle zugedeckt im Kühlschrank mindestens 12 Stunden ziehen lassen
- Unmittelbar vor dem Servieren eventuell mit Salz nachwürzen
- Dill waschen, trockentupfen, fein zerkleinern und darüber streuen
- Mit Schwarzbrot oder Weißbrot und Butter servieren.

Gebackene Renken

Zutaten für 4 Personen

2–3 EL Olivenöl

4 küchenfertige, frische Renken (à 300 g)

Salz

weißer Pfeffer

1/2 unbehandelte Zitrone

1 kleine Zwiebel

4 Wacholderbeeren

1 Bd Petersilie

- Den Backofen auf 200 °C (Umluft 180 °C, Gas Stufe 3) vorheizen
- Vier große Bogen extrastarke Alufolie zurechtlegen, in die man die Fische einpacken kann
- Die Folie mit etwas Öl bestreichen
- Die Fische innen und außen kalt abspülen, trockentupfen und mit Salz und Pfeffer würzen
- Die Zitrone in Scheiben schneiden, die Zwiebel abziehen und klein würfeln, die Wacholderbeeren mit dem Messerrücken zerdrücken
- Die Petersilie waschen, trockentupfen und fein zerkleinern
- Alle diese Zutaten in die Renken füllen
- Die Fische mit dem restlichen Olivenöl beträufeln, einzeln in Alufolie verpacken und auf den Rost in den heißen Backofen (mittlere Schiene) legen
- Etwa 15 Minuten backen
- Mit Kartoffelsalat und Gurkensalat – eventuell gemischt (siehe S. 74) – servieren.

Die zarten Fische brauchen Fett zum Garen. Früher hat man dazu ein gutes Stückchen Butter pro Renke genommen, heute leben die Menschen gesundheitsbewusster und mögen genauso gern Olivenöl. Nur bei süßen Sachen aus dem Frittiertopf bleiben die Bayern beim Butterschmalz, weil es einfach besser schmeckt – siehe Rezepte Seite 114 und 118.

TIPP

Renken, auch Maränen oder Felchen genannt, leben in den Seen des Alpen- und Voralpenlandes. Deshalb bekommt man sie regelmäßig frisch nur in Süddeutschland. Sonst muss man sie beim Händler vorbestellen oder stattdessen Forellen nehmen.

Forelleen aus dem Ofen

mit Kräutern

Zutaten für 4 Personen

1 Bd gemischte Frühlingskräuter für „Grüne Soße"

2 Lauchzwiebeln

2 Knoblauchzehen

2 EL Butter

1/8 l Fischfond

1/8 l trockener Weißwein

Salz

schwarzer Pfeffer

Saft und Schale von 1 unbehandelten Zitrone

4 küchenfertige frische Regenbogenforellen (je ca. 300 g)

- Den Backofen auf 200 °C (Umluft 180 °C, Gas Stufe 4) vorheizen
- Die Kräuter waschen, trockentupfen und fein zerkleinern
- Die Lauchzwiebeln putzen, waschen und mit allen saftigen grünen Blättern fein schneiden
- Den Knoblauch abziehen und zerdrücken
- 1 TL Butter in einem großen Bräter erhitzen
- Lauchzwiebeln und Knoblauch darin bei schwacher Hitze glasig braten
- Abwechselnd Fischfond und Weißwein zugeben und unter Rühren bei starker Hitze dick einkochen lassen
- Mit Salz, Pfeffer und 1 EL Zitronensaft würzen
- Die Forellen innen und außen kalt abspülen und trockentupfen
- Mit Salz und reichlich Pfeffer würzen, mit den Kräutern und einem großen Stück Zitronenschale füllen
- Fische nebeneinander in den Bräter legen, mit dem Zitronensaft beträufeln und mit der restlichen Butter in Flöckchen belegen
- Den Bräter zugedeckt in den heißen Backofen (mittlere Schiene) stellen
- Die Forellen in 15 bis 20 Minuten garen, dabei mehrmals mit dem Fond im Bräter beschöpfen.

Zwar ist die Grüne Soße ein Frankfurter Rezept, doch die Kräuter dazu gibt es heute auf allen guten Märkten und beim Gemüsehändler. Für die Forellen nach bayerischer Feinschmecker-art sind sie genau richtig. Glücklich allerdings, wer das erste Grün vom eigenen Kräuterbeet ernten kann. Petersilie, Pimpinelle, Estragon, Sauerampfer, Kerbel, Borretsch und Schnittlauch.

Aal in Kapern-Kräutersoße

Zutaten für 4 Personen

800 g küchenfertiger frischer Aal
2 EL Kräuteressig
1/8 l trockener Weißwein
1/4 l Fleisch- oder Gemüsebrühe
2 kleine Zwiebeln
1 großes Stück unbehandelte Zitronenschale
3 Zweige Bohnenkraut
1 EL Olivenöl
1/2 EL Butterschmalz
1 EL Mehl
2 EL Schmant
1 EL fein zerkleinerte Petersilie
1 EL kleine Kapern
Salz
weißer Pfeffer
geriebene Muskatnuss
Zitronensaft

- Aal in etwa 4 cm lange Stücke schneiden
- In einer Schüssel mit Essig und Wein übergießen und zugedeckt 30 Minuten ziehen lassen
- Abgießen, die Marinade auffangen und mit der Brühe mischen
- Die Zwiebeln abziehen und fein zerkleinern
- Die Zitronenschale in hauchfeine Streifen schneiden
- Das Bohnenkraut waschen und trockentupfen, die Blättchen von den harten Stielen streifen
- Öl und Butterschmalz in einem Topf erhitzen, die Zwiebeln darin glasig braten, das Mehl zugeben und goldgelb rösten
- Die Brühemischung unter Rühren zugießen und aufkochen, bis die Soße glatt ist
- 5 Minuten köcheln lassen
- Die Aalstücke, Zitronenschale und Bohnenkraut in die Soße geben
- Einmal aufkochen und zugedeckt bei schwacher bis mittlerer Hitze knapp unter dem Siedepunkt 20 Minuten garen
- Schmant, Petersilie und Kapern untermischen
- Den Aal mit Salz, Pfeffer, Muskat und eventuell noch Zitronensaft abschmecken
- Mit Kartoffelbrei und grünem Salat servieren.

Das Gericht erinnert an den „Aal grün“ aus Norddeutschland. Typisch bayerisch daran sind Zitronenschale und Muskat; in Originalrezepten des 19. Jahrhunderts nehmen die Köchinnen sogar teure Muskatblüte mit ihrem feinen Aroma. Wundern Sie sich nicht über das Bohnenkraut in der Soße. Bevor man es mit den zarten Bohnen der neuen Welt garte, würzte es deftige Dicke Bohnen, fetten Fisch und Schweinefleisch. Denn wie die bayerntypischen Kräuter Majoran und Beifuß hilft auch Bohnenkraut bei der Verdauung.

Zanderfilets
mit gewürzter Butter

Zutaten für 4 Personen

75 g Butter
1 Bd Petersilie
abgeriebene Schale von 1/4 unbehandelter Zitrone
1 mittelgroße Möhre
1 Schalotte oder kleine Zwiebel
1/8 l trockener Weißwein
4 Zanderfilets (à ca. 180 g)
Salz
weißer Pfeffer
2 EL Zitronensaft

- Die Butter zerlassen, leicht bräunen und warm halten
- Petersilie waschen, trockentupfen, die Blättchen abzupfen und fein zerkleinern
- Mit der Zitronenschale mischen
- Die Möhre und die Schalotte schälen und sehr klein würfeln
- Beide Zutaten mit dem Wein in eine Kasserolle geben, einmal aufkochen und zugedeckt bei schwacher Hitze 15 Minuten garen
- Die Zanderfilets mit Salz und Pfeffer würzen und mit dem Zitronensaft beträufeln
- Auf die Möhren- und Schalottenwürfel legen und zugedeckt bei schwacher bis mittlerer Hitze etwa 10 Minuten dämpfen
- Herausnehmen und auf vorgewärmte Teller geben
- Zuerst Butter und Petersilienmischung, dann Gemüse und Fond auf dem Fisch verteilen und sofort servieren.

Dazu gibt es Salzkartoffeln – Pellkartoffeln essen die Bayern nur im Notfall, zum Beispiel, wenn es der Gesundheit dient. Die typischen Pellkartoffelgerichte – mit Quark oder als Beilage zu blau gekochtem Fisch – stammen allesamt aus dem Norden oder Osten. In der Schale gekochte Kartoffeln bekommen auf dem bayerischen Land nur Schweine und glückliche Hühner, die frei laufen und nach Herzenslust scharren dürfen – auch heute noch!

Rahmgulasch
mit Bauernknödeln

Zutaten für 4 Personen

Für das Gulasch:

- **600 g Kalbfleisch ohne Knochen (Kamm oder Bug)**
- **2 Zwiebeln**
- **2 EL Öl**
- **1 EL Tomatenmark**
- **1 TL Mehl**
- **1 TL edelsüßes Paprikapulver**
- **etwa 1/4 l Fleischbrühe**
- **Salz**
- **1 Stück Zitronenschale**
- **1 kleines Paket Tiefkühl-Erbsen (150 g)**
- **100 g Schmant**
- **1 EL saure Sahne**
- **Cayennepfeffer**

Für die Knödel:

- **200 g Mehl**
- **Salz**
- **3 – 4 EL Milch**
- **3 Eier**
- **1/2 TL getrockneter Majoran**
- **3 helle Weizenbrötchen (Semmeln)**
- **2 EL Butterschmalz**
- **1 – 2 EL fein zerkleinerte Petersilie**

- Das Fleisch in gulaschgroße Würfel schneiden
- Die Zwiebeln abziehen und fein zerkleinern
- Das Öl in einem Schmortopf erhitzen
- Fleischwürfel portionsweise darin bei starker Hitze rundherum braun anbraten
- Zum Schluss Zwiebeln im Bratfett bei schwacher Hitze glasig braten
- Tomatenmark, Mehl und Paprika unterrühren und unter Rühren einige Sekunden rösten
- Die Brühe nach und nach zugießen und den Bratfond damit lösen
- Das Fleisch, Salz und Zitronenschale zugeben
- Das Gulasch aufkochen und zugedeckt bei schwacher Hitze in etwa 1 Stunde weich schmoren, gegebenenfalls noch etwa Brühe nachgießen
- Gefrorene Erbsen zugeben und aufkochen
- Zugedeckt weitere 5 Minuten garen
- Schmant und saure Sahne untermischen und erhitzen, aber nicht mehr aufkochen
- Rahmgulasch mit Salz und Cayennepfeffer abschmecken
- Für die Knödel Mehl, Salz, Milch, Eier und Majoran zu einem glatten Teig verrühren
- Zugedeckt bei Zimmertemperatur 30 Minuten ruhen lassen
- Die Brötchen würfeln und bei schwacher Hitze im heißen Butterschmalz goldbraun und knusprig braten
- Abkühlen lassen und unter den Teig mischen
- Reichlich Salzwasser zum Kochen bringen
- Vom Teig mit einem Esslöffel Knödel abstechen, ins kochende Wasser geben und einmal aufkochen
- Deckel halb auf den Topf legen und die Knödel bei schwacher Hitze knapp unter dem Siedepunkt in etwa 15 Minuten gar ziehen lassen
- Gulasch und Knödel auf gut vorgewärmten Portionstellern anrichten und mit der Petersilie bestreut servieren.

Tipp

Die Knödel passen zu jedem kräftig gewürzten Essen mit viel Soße. Mit brauner Butter und Semmelbröseln schmecken sie auch zu Salat, Sauerkraut und Gemüse.

TIPP

Wenn Sie nicht so viel Fleisch essen möchten: Nur eine Sorte nehmen und die Gemüseportionen verdoppeln.

Pickelsteiner

Zutaten für 6 Personen

250 g Rindfleisch (Dicker Bug oder Hesse)
250 g Schweineschulter (ohne Knochen)
250 g Lammschulter (ohne Knochen)
2 Zwiebeln
750 g fest kochende Kartoffeln
400 g Knollensellerie
300 g Möhren
2 Petersilienwurzeln
1 dicke Stange Porree
5 EL Öl
Salz
schwarzer Pfeffer
1/2 l Fleisch- oder Gemüsebrühe
je 1 Bd Petersilie und Schnittlauch

- Alle Fleischsorten in gulaschgroße Würfel schneiden
- Die Zwiebeln abziehen und grob zerkleinern
- Kartoffeln, Sellerie, Möhren und Petersilienwurzeln schälen, waschen und in 1/2 cm dicke Scheiben schneiden
- Porree putzen, längs halbieren und waschen
- Hälften in fingerdicke Stücke schneiden
- 2 EL Öl in einem großen Bräter erhitzen und die Fleischwürfel darin portionsweise rundherum braun anbraten
- Herausnehmen und auf einer Platte beiseite stellen
- Zwiebeln, Kartoffeln und Gemüse nach und nach anbraten und jeweils aus dem Topf nehmen
- Den Bräter nun schichtweise mit Gemüse, Kartoffeln und Fleisch füllen
- Jede Schicht mit Salz und Pfeffer würzen
- Als Abschluss eine Lage Kartoffeln einfüllen und darauf das restliche Öl verteilen
- Die Brühe an den Seiten zugießen
- Das Pickelsteiner bei starker Hitze aufkochen und zugedeckt bei schwacher Hitze 1 1/2 Stunden garen
- Petersilie und Schnittlauch waschen, trockentupfen und fein zerkleinern
- Pickelsteiner damit bestreuen und auf vorgewärmten Tellern anrichten.

Dieses berühmte Gericht ist vielerorts auch als Pichelsteiner bekannt. In den alten Kochbüchern findet man beide Versionen. Einst wurde Pickelsteiner mit angebratenem Rindermark zubereitet. Doch das Öl – am besten Olivenöl – ist moderner und bekömmlicher. Vorwiegend fest kochende Kartoffeln bleiben beim Garen „in Form", geben aber so viel Stärke ab, dass der Sud schön sämig wird.

Kaninchen mit Maroni

Zutaten für 6 Personen

300 g frische Maroni (Esskastanien)

50 g durchwachsener Räucherspeck

1 EL Öl

1 küchenfertiges Kaninchen (ca. 1,4 kg) in Portionsstücken

Salz

schwarzer Pfeffer

6 Schalotten

1/4 l trockener Weißwein

6 Wacholderbeeren

1 Lorbeerblatt

1 großes Stück unbehandelte Zitronenschale

100 g saure Sahne

1 – 2 EL Preiselbeerkompott (fertig gekauft)

- Den Backofen auf 220 °C (Umluft 200 °C, Gas Stufe 4) vorheizen, dabei ein ofenfestes Gefäß mit kaltem Wasser auf den Boden des Backofens stellen
- Die Maroni an der gewölbten Seite kreuzweise einschneiden
- Mit dieser Seite nach oben auf ein Backblech legen und in den heißen Ofen (mittlere Schiene) schieben
- 15 bis 20 Minuten backen, bis die Schale aufgeplatzt ist und sich mit der darunter liegenden braunen Haut leicht vom Fruchtfleisch löst
- Maroni herausnehmen, etwas abkühlen lassen und möglichst heiß schälen
- Den Ofen auf 170 °C (Umluft 150 °C, Gas Stufe 2) schalten
- Während die Maroni im Ofen sind, den Speck klein würfeln und in einem Bräter im heißen Öl bei schwacher Hitze glasig braten
- Die Würfel mit einem Schaumlöffel herausnehmen und abgetropft auf einem Teller beiseite stellen
- Kaninchenstücke waschen, abtrocknen, mit Salz und Pfeffer einreiben und im heißen Fett rundherum braun anbraten
- Schalotten abziehen und unzerkleinert um das Kaninchen legen
- Wein, Wacholderbeeren, Lorbeerblatt, Speckwürfel und Zitronenschale zugeben
- Kaninchen zugedeckt in den Backofen (untere Schiene) schieben und etwa 45 Minuten garen
- Kaninchen und Schalotten herausnehmen und warm stellen
- Die Maroni im Schmorsud bei starker Hitze unter Rühren kochen, bis der Sud dickflüssig ist
- Sahne und Preiselbeeren untermischen
- Mit Salz und Pfeffer abschmecken und über Fleisch und Schalotten geben
- Dazu gibt's Bauernknödel (siehe S. 60) und Gemüse.

TIPP

Lassen Sie das Kaninchen vom Händler in zwölf Teile zerlegen.

Maroni heißen in Bayern alle Kastanien, die man essen kann: die besonders aromatischen Maronen und die gewöhnlichen Esskastanien.

Gedämpftes Schweinefleisch
mit Krautsalat und Gelbe-Rüben-Salat

Zutaten für 6 Personen

Für den Krautsalat:

siehe Rezept S. 32

Für das Fleisch:

1 kg Schweineschulter ohne Knochen

Salz

schwarzer Pfeffer

1 große Zwiebel

2 Stangen Sellerie

2 geschälte Tomaten aus der Dose

2 Lorbeerblätter

3 Gewürznelken

1 großes Stück unbehandelte Zitronenschale

1 TL Kümmelkörner

5 – 6 EL Apfelmost

1 – 2 EL Kapern

1 EL fein zerkleinerter Majoran oder Schnittlauch

Für den Gelbe-Rüben-Salat:

500 g Möhren (Gelbe Rüben)

1/8 l Gemüsebrühe

1/2 TL Zucker

1/2 Bd Petersilie

2 – 3 EL Zitronensaft

Salz

weißer Pfeffer

1 EL Olivenöl

- Mindestens 2 Stunden vor Zubereitung des Fleisches den Krautsalat wie auf Seite 32 beschrieben zubereiten
- Das Fleisch mit Salz und Pfeffer einreiben und in einen Schmortopf legen
- Die Zwiebel abziehen, den Sellerie waschen, beide Zutaten in kleine Stücke schneiden und mit den abgetropften Tomaten um das Fleisch verteilen
- Lorbeer, Nelken, Zitronenschale und Kümmel darüber geben
- So viel kaltes Wasser zugießen, dass es etwa 1 cm hoch im Topf steht
- Den Topf schließen und das Fleisch bei schwächster Hitze in etwa 1 Stunde weich garen
- Dabei immer wieder etwas Wasser zugießen, sobald die Flüssigkeit im Topf fast verdampft ist
- Apfelmost, Kapern und Kräuter untermischen, den Schmorsud mit Salz und Pfeffer abschmecken
- Während das Fleisch gart, die Gelben Rüben für den Salat schälen und in knapp $1/2$ cm dicke Scheiben schneiden
- Mit Brühe und Zucker aufkochen und zugedeckt bei mittlerer Hitze in etwa 10 Minuten bissfest kochen
- Im Sud lauwarm abkühlen lassen
- Die Petersilie waschen, trockentupfen und sehr fein zerkleinern
- Gelbe Rüben einschließlich Sud mit Petersilie, Zitronensaft, Salz, Pfeffer und Öl mischen.

TIPP

Der Topf fürs Fleisch soll so groß sein, dass es dicht vom Gemüse umgeben ist.

Eingemachtes Hendl
mit Kräutersoße

Zutaten für 4 Personen

1 Hähnchen (etwa 1,3 kg)

1 Bd Suppengrün

1 Zwiebel

4 weiße Pfefferkörner

1 Lorbeerblatt

Salz

1 Schalotte

1 Knoblauchzehe

1 EL Öl

1 TL Mehl

je 1 TL getrockneter Thymian und Estragon

abgeriebene Schale von 1/2 unbehandelten Zitrone

100 g Schmant

1–2 EL weißer Balsamessig

weißer Pfeffer

1 Hand voll gemischte Kräuter

- Das Hähnchen innen und außen kalt abspülen
- In einem großen Topf 1 1/2 l Wasser aufkochen, Hähnchen zugeben und rasch zum Kochen bringen
- Zugedeckt bei schwacher Hitze 30 Minuten garen
- Suppengrün waschen und grob zerkleinern
- Zwiebel abziehen und halbieren
- Beide Zutaten mit Pfefferkörnern und Lorbeerblatt zum Huhn geben
- Die Brühe salzen, das Hähnchen in weiteren 30 bis 40 Minuten knapp unter dem Siedepunkt weich garen
- Herausnehmen, Haut und die Knochen entfernen, das Fleisch dabei in möglichst große Stücke teilen
- In eine gut vorgewärmte Servierschüssel geben, mit zwei Löffeln heißer Brühe befeuchten und zugedeckt warm halten, bis die Soße fertig ist
- Die Hühnerbrühe durch ein Sieb gießen und so viel Fett wie möglich abschöpfen
- Für die Soße 1/8 l Brühe abmessen, den Rest für eine Suppe verwenden
- Die Schalotte und den Knoblauch abziehen und sehr fein zerkleinern
- Im heißen Öl glasig braten
- Mehl, Thymian, Estragon und Zitronenschale zugeben
- Abgemessene Brühe unter Rühren zugießen und aufkochen, bis die Soße glatt ist
- Zugedeckt bei schwacher Hitze einige Minuten kochen lassen
- Schmant unterrühren und die Soße noch einmal erhitzen
- Mit Essig, Salz und Pfeffer aus der Mühle abschmecken
- Die Kräuter waschen, trockentupfen, sehr fein zerkleinern und untermischen
- Die Soße über das Huhn geben.

TIPP

Die beste Beilage macht man selbst: Spätzle (Rezept S. 98), allerdings ohne Zwiebeln und Käse. Kurze Nudeln oder Reis passen natürlich auch. Außerdem gibt es grünen Salat.

Schmorhendl
mit Zuckerhut

Zutaten für 2 Personen

1/2 EL Mehl
Salz
schwarzer Pfeffer
1 junges Hähnchen (ca. 1,1 kg)
2 EL Öl
6 frische Lorbeerblätter
3 Gewürznelken
1/8 l Fleisch- oder Hühnerbrühe
1/4 Kopf Zuckerhut
2 dünne Scheiben gekochter Schinken
2 EL Schmant
1 EL gehackte Petersilie

- Den Backofen auf 200 °C (Umluft 180 °C, Gas Stufe 3) vorheizen
- Mehl, Salz und Pfeffer auf einem Teller mischen
- Das Hähnchen innen und außen kalt abspülen, trockentupfen und halbieren
- Die Hälften mit der Mehlmischung einreiben
- 1 EL Öl in einem Bräter erhitzen und die Hähnchenhälften darin bei starker bis mittlerer Hitze rundherum braun anbraten
- Lorbeerblätter, Gewürznelken und Brühe zugeben
- Das Hähnchen zugedeckt in den heißen Backofen (untere Schiene) schieben und etwa 1 Stunde schmoren, bis beim Anstechen klarer Saft austritt
- Zuckerhut waschen und trockenschwenken
- In fingerbreite Streifen schneiden, dabei Strunk und dicke Rippen entfernen
- Den Schinken ebenfalls in Streifen schneiden
- Beide Zutaten im restlichen Öl bei mittlerer Hitze braten, bis der Schinken glasig ist
- Hähnchen auf vorgewärmten Tellern anrichten
- Den Schmorsud zum Zuckerhutgemüse geben und einmal aufkochen
- Schmant und Petersilie unterrühren und über dem Fleisch verteilen
- Dazu passt Brot oder Reis.

Zuckerhut erhalten Sie von September bis Ende November direkt beim Gärtner oder anderen Direktvermarktern auf (Wochen-)Märkten. Es stammt vorwiegend aus heimischem Anbau, denn für Importe ist die Nachfrage noch zu unbedeutend. Wichtig beim Einkauf: Zuckerhut verträgt Frost, und Stauden mit glasigen Blättern sind nicht wie Kopfsalat „erfroren“ und ungenießbar, sondern tauen bei Zimmertemperatur wieder auf.

TIPP

Nehmen Sie fleischige Stücke vom oberen Teil des Ochsenschwanzes. Die unteren Teile mit wenig Fleisch und viel Knochen eignen sich nur für Brühen und Soßenfonds. Den Ochsenschwanz vom Metzger in etwa 4 cm lange Stücke teilen lassen. Das Fleisch lässt sich nach dem Kochen am besten ablösen, solange es noch sehr warm ist.

Ochsenschwanz
mit Gemüsesoße

Zutaten für 4 Personen

1,2 kg Ochsenschwanz in Stücken
Salz
schwarzer Pfeffer
je 2 große Möhren und Pastinaken- oder Petersilienwurzeln
1/2 Knollensellerie (ca. 200 g)
1 dicke Stange Porree
1 Zwiebel
1 Knoblauchzehe
3 EL Öl
1 TL Paprikapulver rosenscharf
abgeriebene Schale von 1/2 unbehandelten Zitrone
2 EL Tomatenmark
1/2 l trockener Rotwein
3 geschälte Tomaten aus der Dose
3 EL Zitronensaft
4 Lorbeerblätter
1 EL Schmant
1 EL fein zerkleinerte Petersilie

- Die Ochsenschwanzstücke rundherum mit Salz und Pfeffer würzen
- Möhren, Petersilienwurzeln oder Pastinaken und Sellerie schälen und in große Stücke schneiden
- Den Porree putzen, waschen und mit den saftigen grünen Blättern in etwa fingerlange Stücke teilen
- Die Zwiebel und den Knoblauch abziehen und fein würfeln
- Öl in einem Bräter erhitzen
- Ochsenschwanzstücke darin bei starker bis mittlerer Hitze rundherum braun anbraten und wieder herausnehmen
- Die Gemüsestücke im Bratfett rundherum braun anbraten und ebenfalls wieder herausnehmen
- Zwiebel, Knoblauch, Paprikapulver, Zitronenschale und Tomatenmark im Bratfett unter Rühren einige Sekunden kräftig anrösten, aber nicht zu dunkel werden lassen
- Nach und nach etwa 1/4 l Wasser und den Wein zugießen
- Dabei jeweils den Bratfond mit einem Holzschaber lösen und die Flüssigkeit bei starker bis mittlerer Hitze dick einkochen lassen
- Die Ochsenschwanz- und Gemüsestücke wieder in den Bräter legen
- Tomaten, Zitronensaft und Lorbeerblätter zugeben
- Bräter schließen und in den kalten Backofen (untere Schiene) stellen
- Ofen auf 140 °C (Umluft 120 °C, Gas Stufe 2) schalten
- Ochsenschwanz etwa 4 Stunden schmoren, dabei nach und nach etwa 1/4 l heißes Wasser zugießen, das Fleisch mehrmals wenden und immer wieder mit der Flüssigkeit im Bräter beschöpfen
- Ochsenschwanz aus der Schmorflüssigkeit nehmen und etwas abkühlen lassen
- Das Fleisch jedoch heiß von den Knochen lösen, wieder in die Soße geben und noch einmal aufkochen
- Schmant und Petersilie untermischen
- Dazu passen herzhafte Dampfnudeln (siehe S. 100) oder einfach dunkles Bauernbrot; statt Gemüse schmeckt Gurkensalat.

TIPP

Lassen Sie die Schwarte gleich vom Metzger in Rauten schneiden. Den Braten zum Ruhen nicht in Alufolie wickeln, sonst wird die Schwarte weich.

Krustlbraten
mit Kartoffel-Gurken-Salat

Zutaten für 6 Personen

Für den Braten:

1,5 kg Schweinefleisch mit Fettschicht und Schwarte (Bug)
Salz
schwarzer Pfeffer
1 TL Kümmelkörner
1 Bd Suppengrün

Für den Salat:

1 kg kleine, fest kochende Kartoffeln
1 Zwiebel
1 EL Gemüsebrühe-Extrakt
4 EL milder Essig
1 EL körniger Senf
1 kleine Salatgurke
1 Bd Dill
Salz
Pfeffer
4 EL Öl

- Den Backofen auf 220 °C (Umluft 200 °C, Gas Stufe 5) vorheizen
- Fleisch rundherum mit Salz, Pfeffer und Kümmel einreiben und mit der Schwartenseite nach unten in einen Bräter legen
- 1/4 l heißes Wasser darüber gießen
- Das Fleisch im offenen Bräter in den heißen Backofen (untere Schiene) stellen und etwa 45 Minuten garen, bis das Wasser verdampft ist
- Das Suppengrün putzen, waschen, grob zerkleinern und neben das Fleisch geben
- Etwa 1/8 l heißes Wasser zugießen
- Den Ofen auf 180 °C (Umluft 160 °C, Gas Stufe 3) schalten
- Das Fleisch 1 weitere Stunde braten, dabei nach und nach noch 1/8 l Wasser zugießen und den Braten häufig mit dem Saft im Bräter begießen
- Inzwischen für den Salat die Kartoffeln waschen und in wenig Wasser gerade eben weich kochen
- Abgießen, kalt abschrecken, schälen und heiß in dünne Scheiben schneiden
- Während die Kartoffeln garen, die Zwiebel abziehen und fein würfeln
- Für die Salatsoße 1/4 l Wasser mit der Brühe aufkochen
- Von der Kochstelle nehmen und Senf, Essig und Öl in die Brühe rühren
- Die Kartoffeln mit den Zwiebelwürfeln und der Salatsoße vermischen
- Die Gurke schälen oder waschen und in dünne Scheiben hobeln
- Den Dill waschen, trocknen und fein zerkleinern
- Kartoffelsalat mit Gurke und Dill mischen, mit Salz und Pfeffer kräftig abschmecken
- Den Ofen auf 250 °C (Umluft 220 °C, Gas Stufe 5) schalten oder den Backofengrill einschalten
- Das Fleisch aus dem Bräter nehmen und auf den Rost des Backofens legen
- Bräter genau unter den Braten in den Ofen schieben, damit abtropfendes Fett aufgefangen wird
- Den Braten noch 15 bis 20 Minuten garen, bis die Schwarte braun und knusprig ist
- Etwa 5 Minuten ruhen lassen, dann in Scheiben schneiden und anrichten.

In Bayern isst man Salat auch zum Braten mit Soße. Ganz stilecht sollten Sie also den Salat nicht getrennt anrichten, sondern zum Fleisch auf die Portionsteller geben.

Schweinsgulasch mit Rüben

Zutaten für 4 Personen

500 g Schweineschulter (ohne Knochen)
2 große Zwiebeln
1 Bd Majoran, Bohnenkraut oder Thymian
1 Kohlrübe (ca. 1 kg)
3/4 l Fleischbrühe
750 g fest kochende Kartoffeln
1 Stange Sellerie mit Grün
100 g süße Sahne
Salz
schwarzer Pfeffer

- Schwarte und Fettschicht des Fleisches abschneiden und klein würfeln
- Das Fleisch in gulaschgroße Würfel schneiden
- Zwiebeln abziehen, Majoran waschen und trockentupfen, von Bohnenkraut oder Thymian die Blättchen abstreifen; beide Zutaten fein zerkleinern
- Die Kohlrübe schälen, waschen und in etwa 1 cm große Würfel schneiden
- Schwarten- und Fettwürfel in einem Topf bei schwacher Hitze etwa 10 Minuten braten, bis reichlich flüssiges Fett ausgetreten ist
- Das Fleisch zugeben und bei starker bis mittlerer Hitze rundherum kräftig anbraten
- Die Zwiebeln und den Majoran untermischen und mitbraten, bis die Zwiebel leicht gebräunt ist
- Einige Esslöffel Brühe zugießen
- Das Fleisch zugedeckt bei schwacher Hitze 10 Minuten schmoren
- Die Rübenwürfel zugeben, die restliche Brühe zugießen; dabei etwa $^1/_8$ l für die Kartoffeln zurückbehalten
- Brühe im Topf aufkochen und das Fleisch zugedeckt bei schwacher Hitze 30 Minuten garen
- Inzwischen die Kartoffeln schälen, waschen und würfeln
- Den Sellerie waschen, die Blättchen abzupfen und zum Bestreuen beiseite legen
- Die Stange in etwa fingerbreite Stücke schneiden
- Kartoffeln und Sellerie mit der übrig behaltenen Brühe in einem Topf aufkochen und zugedeckt bei schwacher Hitze etwa 10 Minuten garen, bis die Kartoffeln gerade eben weich sind
- Mit der Sahne unter Fleisch und Rüben mischen
- Mit Salz und Pfeffer abschmecken und mit dem fein zerkleinerten Selleriegrün bestreut servieren.

Fleisch und Rüben, Kartoffeln und Sellerie werden separat gegart und erst zum Schluss ganz locker gemischt. Das schmeckt viel besser als der übliche norddeutsche Eintopf.

Gansbraten

Zutaten für 6 Personen

2 EL Salz

1 1/2 EL schwarzer Pfeffer aus der Mühle

1 junge Gans (ca. 4 kg)

1 große Zwiebel

1 große Möhre

1 Stück Knollensellerie (ca. 150 g)

1 EL getrockneter Majoran

1/4 l dunkles Weizenbier

- Salz und Pfeffer auf einem Teller mischen
- Die Gans mit etwa einem Viertel dieser Mischung innen würzen, den Rest rundherum kräftig in die Haut der Gans reiben
- Gans mit einem trockenen Küchentuch bedeckt über Nacht kühlen
- Den Backofen auf 200 °C (Umluft 180 °C, Gas Stufe 4) vorheizen
- Zwiebel, Möhre und Sellerie schälen und in Stücke schneiden
- 1/8 l Wasser aufkochen
- Die Gans innen mit Majoran ausstreuen, mit der Brust nach unten in einen Bräter legen, mit dem kochend heißen Wasser übergießen und mit den Zwiebel- und Gemüsestücken umlegen
- Den Bräter in den heißen Backofen (untere Schiene) stellen
- Die Gans etwa 1 Stunde braten, bis das Fett beginnt auszutreten
- Gans drehen, so dass sie mit den Keulen nach oben im Bräter liegt
- Haut seitlich unterhalb der Keulen und der Flügel mehrmals einstechen, damit das Fett unter der Haut ausbrät
- Gans weitere 50 Minuten braten, dabei nach und nach etwa zwei Drittel des Bieres zugießen
- Das Fett im Bräter etwa alle 10 Minuten abschöpfen und die Gans mit dem Bratensaft begießen
- Den Backofengrill zuschalten oder den Ofen auf 240 °C (Umluft 220 °C, Gas Stufe 5) schalten
- Die Gans aus dem Bräter nehmen, mit den Keulen nach oben auf den Rost legen, mit Bier bestreichen und wieder in den Backofen (untere Schiene) schieben; die Fettpfanne darunter einschieben
- Die Gans weitere 30 Minuten braten, dabei häufig mit dem Bier bepinseln, bis die Haut knusprig und braun ist
- Herausnehmen, tranchieren und im abgeschalteten Backofen warm halten, bis die Soße fertig ist
- Dafür das Fett auf dem Bratfond so gut wie möglich abschöpfen
- Fond durch ein Sieb in einen Topf umgießen, dabei den Satz am Boden des Bräters lösen
- Fond einmal aufkochen und nach Wunsch bei starker Hitze unter Rühren etwas einkochen
- Die Soße zur Gans servieren
- Als Beilagen gibt es Kartoffelknödel und Blaukraut- oder Wirsinggemüse.

Tipp

Planen Sie einen Tag Ruhezeit für die Gans ein. Vor dem Würzen die Gans innen und außen kalt abspülen und mit einem Küchentuch wieder gründlich trocknen. Mit einer Pinzette alle Härchen und Federreste entfernen, die vor allem unter Keulen und Flügeln stecken.

TIPP

Die „Tortillas", die in Bayern natürlich „Küchel" oder „Kücherl" heißen, gelingen am besten mit Pellkartoffeln vom Vortag.

Bayerische „Tortilla"
mit Gelbe-Rüben-Salat

Zutaten für 4 Personen

Für den Salat:

500 g Möhren (Gelbe Rüben)

Salz

1/2 TL Zucker

6 EL Instant-Gemüsebrühe

2 – 3 EL Zitronensaft

weißer Pfeffer

3 EL Olivenöl

Für die „Tortillas":

250 g mehlig kochende Kartoffeln

1 Zwiebel

50 g durchwachsener Räucherspeck

150 g Mehl

1/4 l Milch

Salz

geriebene Muskatnuss

3 Eier

4 EL Butterschmalz, Kokosfett oder Öl

- Für den Salat die Gelben Rüben schälen und in Scheiben schneiden
- Reichlich Salzwasser mit dem Zucker zum Kochen bringen und die Gelben Rüben darin in etwa 10 Minuten bissfest kochen
- Gelbe Rüben abgießen, kalt abspülen und sofort in einer Schüssel mit Gemüsebrühe, Zitronensaft, Salz, Pfeffer aus der Mühle und Öl vermischen
- Zugedeckt bei Zimmertemperatur ziehen lassen, bis die „Tortillas" fertig sind
- Die Kartoffeln waschen und ungeschält in wenig Wasser weich kochen
- Kalt abschrecken, schälen und abkühlen lassen
- Auf der Rohkostreibe fein reiben
- Die Zwiebel abziehen und sehr fein zerkleinern, den Speck würfeln
- Beide Zutaten mit Mehl, Milch, Salz, Muskat, Eiern und Kartoffeln vermischen
- In einer großen beschichteten Pfanne Fett erhitzen
- Pro „Tortilla" 2 EL Teig in die Pfanne geben
- „Tortillas" zugedeckt bei schwacher Hitze auf der Unterseite etwa 10 Minuten backen, bis sie sich leicht vom Pfannenboden lösen
- Wenden und in der offenen Pfanne weitere 5 bis 7 Minuten backen
- Herausnehmen und im Backofen warm halten
- Den restlichen Teig ebenso backen
- Die „Tortillas" heiß mit dem Salat servieren.

Variante

Im Frühjahr können Sie einen Salat aus Hopfensprossen bereiten. Nehmen Sie dafür statt der Möhren 200 g Hopfensprossen und nur 3 EL Brühe für das Dressing. Die Hopfensprossen einige Male in kaltem Wasser spülen, bis alle Erdreste entfernt sind; die unteren Enden der Sprossen abschneiden. Die Sprossen wie die Möhren 10 Minuten köcheln lassen, abschrecken, mit dem Dressing vermischen und etwas ziehen lassen.

Klassische bayerische Knödel

Zutaten für 4 Personen

3 helle Weizenbrötchen (Semmeln) vom Vortag

Salz

1/8 l Milch

3 Zweige Petersilie

1 Ei

1 Paket Kloßteig für Rohe Klöße (ca. 800 g)

- Die Brötchen in dünne Scheiben schneiden und in einer Schüssel mit 1 TL Salz bestreuen
- Lauwarme Milch darüber gießen und zugedeckt etwa 20 Minuten ziehen lassen, bis die Milch aufgesogen ist
- Die Petersilie waschen, trockentupfen und sehr fein zerkleinern
- Mit dem Ei verquirlen und zu den eingeweichten Brötchen geben
- Den Kloßteig zufügen und alles mit den Händen zu einem Teig verkneten
- Hände mit kaltem Wasser befeuchten und aus dem Teig 12 Knödel formen
- In einem großen Topf reichlich Salzwasser zum Kochen bringen
- Knödel ins sprudelnd kochende Wasser geben und im offenen Topf bei starker Hitze zum Kochen bringen
- Die Temperatur zurückschalten und die Knödel bei schwacher bis mittlerer Hitze in etwa 20 Minuten gar ziehen lassen
- Mit einem Schaumlöffel herausnehmen und gut abgetropft in einer heißen Schüssel servieren – zu Gansbraten, Schweinsbraten oder Ente.

Dieser Knödel ist eine kulinarische Kuriosität. Bis zum Ersten Weltkrieg waren Semmelknödel im Norden Festtagsgericht, im Süden Alltagsessen. Bei Kartoffelknödeln war es genau umgekehrt. Im Altbayerischen Knödel haben sich die Semmelknödel aus dem Süden mit den Kartoffelknödeln aus dem Norden zu einer lockeren Mischung verbunden. Und so kam ins bayerische Kochrepertoire der ideale Knödel: Kräftig im Geschmack wie ein Kartoffelknödel saugt er jede Bratensoße so wunderbar auf wie ein Semmelknödel.

Sauerkraut aus dem Ofen

Zutaten für 4 Personen

1 Zwiebel
1 Knoblauchzehe
2 EL Olivenöl
500 g Sauerkraut
1/4 l Fleischbrühe
1 helles Weizenbrötchen (Semmel) vom Vortag
300 g Rinderhackfleisch
Salz
schwarzer Pfeffer
1 TL getrockneter Majoran
1 EL Butter
500 g mehlig kochende Kartoffeln
2 EL Schmant
1 TL Paprikapulver, edelsüß
2 EL frisch geriebener Bergkäse
2 EL Semmelbrösel
1 EL fein zerkleinerte Petersilie

- Zwiebel und Knoblauchzehe abziehen, fein würfeln und im heißen Olivenöl glasig braten
- Sauerkraut und die halbe Menge Brühe zugeben und aufkochen
- Zugedeckt bei mittlerer Hitze 20 Minuten garen, anschließend abkühlen lassen
- Das Brötchen in lauwarmem Wasser einweichen, wieder gut ausdrücken und mit dem Hackfleisch in eine Schüssel geben, mit Salz, Pfeffer und Majoran kräftig würzen
- Den Backofen auf 200 °C (Umluft 180 °C, Gas Stufe 3) vorheizen
- Eine Gratinform mit der weichen Butter ausstreichen
- Die Kartoffeln schälen, waschen und in dünne Scheiben schneiden
- Auf dem Boden der Gratinform verteilen, mit Salz und Pfeffer würzen
- Das Hackfleisch auf die Kartoffeln geben und mit dem Sauerkraut abdecken
- Die restliche Brühe mit dem Schmant verrühren, mit Paprikapulver und etwas Salz würzen und über das Kraut gießen
- Den Käse mit den Semmelbröseln vermischen und darüber streuen
- Kraut in den heißen Backofen (mittlere Schiene) stellen und etwa 30 Minuten backen
- Mit der gehackten Petersilie bestreuen.

Die deftig-bayerische Variante des edlen Gratins heißt im Original „Krautmandl" und besteht aus Sauerkraut, Semmeln, Speck und Schweinemett. Moderner und leichter wird es mit Rinderhackfleisch und einer guten Lage Kartoffeln.

Gestutzte Nudeln
mit Sauerkraut

Zutaten für 4 Personen

Für den Teig:
250 g Mehl
Salz
2 mittelgroße Eier

Für das Sauerkraut:
1 große Zwiebel
500 g Sauerkraut
1 EL Öl
1/2 TL Kümmel
1 große Msp scharfes Paprikapulver
1/4 l Fleisch- oder Gemüsebrühe
1/2 – 1 TL Zucker
Salz
schwarzer Pfeffer

Außerdem:
50 g Butter
1/2 l Milch
1 Ei
geriebene Muskatnuss
Cayennepfeffer

- Mehl, Salz, Eier, Öl und 3 EL Wasser in einer Schüssel vermischen
- Alles zu einem bröckeligen Teig vermengen und auf der Arbeitsfläche mit den Händen durchkneten, bis er geschmeidig ist
- Falls der Teig zu trocken ist, eventuell tropfenweise kaltes Wasser hinzufügen; er darf aber nicht kleben
- In Folie gewickelt 1 Stunde bei Zimmertemperatur ruhen lassen
- Für das Kraut die Zwiebel schälen und fein hacken
- Sauerkraut grob zerschneiden
- Das Öl in einem Topf erhitzen und die Zwiebel darin bei schwacher Hitze glasig braten
- Sauerkraut, Paprika, Kümmel und Brühe zugeben
- Alles aufkochen und zugedeckt bei schwacher Hitze 40 bis 50 Minuten schmoren
- Den Backofen auf 180 °C (Umluft 160 °C, Gas Stufe 3) vorheizen
- Teig in vier Portionen teilen und auf wenig Mehl etwa 3 mm dick ausrollen
- 30 Minuten trocknen lassen
- Teigplatten in zwei Finger breite Streifen schneiden; jeweils einige dieser Streifen aufeinander legen und quer in halbfingerbreite Streifen schneiden
- Die Butter in eine Gratinform geben und im Backofen zerlaufen lassen
- Die Nudeln in der Butter wenden und dicht an dicht in die Form legen
- Milch mit Ei und je einer kräftigen Prise Salz, Muskat und Cayennepfeffer verrühren und über die Nudeln gießen
- Nudeln in den heißen Ofen (mittlere Schiene) stellen und etwa 30 Minuten backen, bis die Eiermilch fast aufgesogen ist
- Sauerkraut mit Zucker, Salz und einer kräftigen Prise Pfeffer aus der Mühle abschmecken.

TIPP

Die Nudeln in der Form, das Sauerkraut in einer vorgewärmten Schüssel servieren. Nach Wunsch fein zerkleinerte Petersilie über Kraut und Nudeln streuen.

Spargelgemüse
mit Schinkensoße

Zutaten für 3 – 4 Personen

1 kg weißer Spargel
Salz
1/4 TL Zucker
150 g gekochter Schinken in dünnen Scheiben
1 kleine Zwiebel
1/4 l Sud vom Spargel
2 EL Öl
2 gestrichene EL Mehl
1 großes Bd Dill
1/4 l Milch
2 Eigelb
2 EL Zitronensaft
weißer Pfeffer
1 Prise gemahlene Muskatblüte (Mazis)

- Den Spargel waschen, schälen und putzen
- Etwa 2 l Wasser mit 2 TL Salz und dem Zucker zum Kochen bringen
- Den Spargel hineingeben, aufkochen und zugedeckt bei mittlerer Hitze in etwa 15 Minuten gerade eben bissfest garen
- Spargel mit einem Schaumlöffel herausnehmen, auf einer Platte anrichten und zugedeckt warm halten, bis die Soße fertig ist
- Den Schinken vom gesamten oder einen Teil des Fettrands befreien und in fingerbreite Streifen schneiden
- Die Zwiebel abziehen und fein würfeln
- Den Dill waschen, trockentupfen und fein zerkleinern
- Das Öl in einem Topf erhitzen, den Schinken und die Zwiebel darin bei schwacher Hitze glasig braten
- Mehl darüber streuen und unter Rühren goldgelb anrösten
- Den abgemessenen Spargelsud dazugießen und dabei ständig rühren
- Soße aufkochen und weiterrühren, bis sie glatt ist
- Zugedeckt bei schwacher Hitze etwa 5 Minuten kochen lassen
- Milch zugeben und unter Rühren erhitzen
- Eigelb mit Zitronensaft und etwas heißer Soße verrühren
- Unter ständigem Rühren in die Soße geben und erhitzen, aber nicht mehr aufkochen
- Den Dill untermischen, die Soße mit Salz, Pfeffer und Muskatblüte abschmecken und über den Spargel gießen
- Mit Salzkartoffeln servieren.

TIPP

Mit Milch ist die Soße einfache ländliche Küche. Wer es üppiger mag, nimmt stattdessen 3/8 l Spargelsud und verrührt die Eigelbe mit 100 g süßer Sahne. Für einen besonders kräftigen Sud: Harte Spargelabschnitte und die Schalen im Wasser vorab etwa 15 Minuten kochen. Abgießen, Sud auffangen, wieder in den Topf geben und den Spargel darin garen.

Eierflecke mit Bierkraut

Zutaten für 4 Personen

Für die Flecke:

50 g Mehl
Salz
4 Eier
1/8 Milch

Für das Gemüse:

1 Kopf Weißkohl (ca. 1 kg)
1 Zwiebel
2 EL Olivenöl
1–2 TL Zucker
1–2 TL Kümmelkörner
Salz
schwarzer Pfeffer
1/4 l dunkles Weizenbier
2 EL Zitronensaft
Butterschmalz, Kokosfett oder Öl zum Backen
1–2 EL zerkleinerte Petersilie

- Mehl mit Salz und Eiern verrühren und die Milch langsam untermischen
- Den Teig zugedeckt ruhen lassen, bis das Gemüse vorbereitet ist
- Den Kohl vierteln, die äußeren welken Blätter und den Strunk entfernen
- Den Kohl waschen und fein hobeln
- Die Zwiebel abziehen und fein zerkleinern
- Das Öl erhitzen, den Zucker darin bei starker bis mittlerer Hitze unter Rühren leicht bräunen
- Kohl, Zwiebel, Kümmel, Salz und Pfeffer aus der Mühle zugeben und einige Sekunden rösten
- Bier zugießen, einmal aufkochen und den Kohl zugedeckt bei mittlerer bis schwacher Hitze in etwa 15 Minuten gerade eben weich garen
- Mit Zitronensaft abschmecken und zugedeckt im 50 °C heißen Backofen durchziehen lassen, bis die Eierflecke gebacken sind
- Hierfür etwas Fett in einer mittelgroßen, beschichteten Pfanne erhitzen
- Etwa eine halbe Schöpfkelle Teig zugeben und zu einem Eierkuchen auseinander fließen lassen
- Bei mittlerer Hitze etwa 3 Minuten backen, bis der Teig an der Oberseite trocken ist und die Ränder sich etwas nach oben biegen
- Eierfleck wenden und in etwa 1 Minute fertig backen
- Den restlichen Teig ebenso verarbeiten
- Die fertigen Eierflecke zugedeckt auf einer heißen Platte warm halten oder zum Schluss kurz zum Gemüse in den Ofen schieben
- Das Bierkraut mit Petersilie bestreuen und mit den Eierflecken servieren.

TIPP

Achtung beim Rösten des Zuckers: Er wird rasch dunkel und dann bitter. Wer ungeübt ist, arbeitet lieber mit schwacher Hitze und rührt eben ein bisschen länger.

Krautwickerl

Zutaten für 6 Personen

600 g mehlig kochende Kartoffeln

100 g Edelpilzkäse (Bavaria blue, Roquefort oder Gorgonzola)

1 Zwiebel

1 Knoblauchzehe

1 Hand voll gemischte Kräuter wie Petersilie, Kerbel, Dill, Borretsch

ersatzweise 1/2 Päckchen tiefgefrorene, gemischte Kräuter

Salz

schwarzer Pfeffer

Cayennepfeffer

geriebene Muskatnuss

3 vollreife Tomaten

1 Weißkohl (ca. 1 kg)

2 EL Öl

1/8 l Gemüse- oder Fleischbrühe

150 g süße Sahne

1 TL Mehl

1–2 EL Schnittlauchröllchen

- Für die Füllung die Kartoffeln schälen, waschen und würfeln
- Mit 1/8 l Wasser in etwa 15 Minuten sehr weich garen
- In der Garflüssigkeit mit dem Kartoffelstampfer zu feinem Püree zerdrücken
- Den Käse entrinden und mit einer Gabel zerdrücken
- Zwiebel und Knoblauch abziehen, die Kräuter waschen und trockentupfen
- Alles fein zerkleinern, mit dem Kartoffelpüree und dem Käse mischen
- Die Füllung mit Salz, Pfeffer, Cayennepfeffer und Muskat kräftig würzen
- Tomaten abziehen und in kleine Würfel schneiden
- Für den Kohlkopf in einem großen Topf reichlich Wasser zum Kochen bringen
- Den Weißkohl putzen, welke äußere Blätter entfernen und den Strunk so gut wie möglich herausschneiden
- Den Kohlkopf im sprudelnd kochenden Wasser 5 bis 6 Minuten kochen lassen, herausnehmen und 12 Blätter ablösen
- Weißkohlkopf wieder in das kochende Wasser geben und weitere 5 Minuten garen
- Herausnehmen, abtropfen lassen, halbieren und restlichen Strunk herausschneiden
- Kohl fein zerkleinern und unter die Füllung mischen
- Die dicken Rippen der 12 abgelösten Kohlblätter flach schneiden
- Je 2 Kohlblätter halb überlappend nebeneinander auf der Arbeitsfläche ausbreiten
- Die Füllung auf den Kohlblättern verteilen, Blätter an den Seiten einschlagen, wie Rouladen aufrollen und mit Küchengarn umbinden
- Das Öl in einer großen Pfanne erhitzen, die Krautwickerl darin bei mittlerer Hitze rundherum hellbraun anbraten
- Brühe und Tomatenwürfel zugeben und alles zugedeckt bei schwacher Hitze etwa 30 Minuten schmoren
- Krautwickerl auf einer vorgewärmten tiefen Platte anrichten und warm halten
- Sahne mit dem Mehl verrühren, in die Schmorflüssigkeit rühren und die Soße bei starker Hitze einkochen lassen
- Die Krautwickerl mit der Soße auf heißen Tellern anrichten und mit dem Schnittlauch bestreuen.

Schwammerl mit Ei

Zutaten für 3–4 Personen

1 Zwiebel
1 Bd Petersilie
400 g frische Pfifferlinge
1 EL Butterschmalz
5 Eier
1 TL Schmant
Salz
schwarzer Pfeffer

- Die Zwiebel abziehen, die Petersilie waschen, beides getrennt fein zerkleinern
- Die Pilze putzen, kurz in einer Schüssel mit kaltem Wasser waschen und gut trockenschwenken
- Butterschmalz erhitzen und die Zwiebel darin glasig braten
- Pilze zugeben und bei starker bis mittlerer Hitze unter ständigem Wenden etwa 3 Minuten rösten
- Die Hälfte der Petersilie untermischen
- Die Eier mit Schmant und Salz verquirlen, über die Pilze gießen und zugedeckt bei schwacher Hitze in etwa 3 Minuten stocken lassen
- Zum Schluss das Ganze unter Wenden kurz rösten
- Auf heißen Tellern anrichten, mit der restlichen Petersilie und mit Pfeffer aus der Mühle bestreuen
- Dazu passen Butterbrot und grüner Salat.

TIPP

Gute Würze bei Zuchtpilzen gibt ein Schuss Trüffelöl. Preiswerter: ein paar getrocknete, zu Pulver zermahlene Mischpilze.

Zu diesem Rezept gehören „Eierschwammerl“: Pfifferlinge, in Bayern auch „Reherl“ genannt, weil sie so schön rehbraun sind. Diese Pilze gibt es in unseren Wäldern kaum noch und wer sie findet, lässt sie besser stehen, um die Bestände zu schonen. Und wem die Pilze der „langen Wege“ vom Markt zu teuer und zu fade sind, nimmt stattdessen die aus der Pilzfarm. Austernpilze, braune und weiße Champignons sind nahezu unbelastet von Schadstoffen. Bei Austernpilzen sind sogar Putzen und Waschen überflüssig.

Krautknödel mit Feldsalat

Zutaten für 4 Personen

Für die Knödel:

10 helle Weizenbrötchen (Semmeln; etwa 450 g) vom Vortag
Salz
1/4 l lauwarme Milch
1 Zwiebel
200 g Sauerkraut
1/2 Bd Petersilie
50 g grobe Leberwurst
1 EL Öl
1/2 TL getrockneter Majoran
4 Eier
schwarzer Pfeffer
geriebene Muskatnuss

Für den Salat:

50 g durchwachsener Räucherspeck
1 EL Öl
1 große Msp Gemüsebrühe-Extrakt
1–2 EL Essig
1/2 TL scharfer Senf
300 g Feldsalat
schwarzer oder weißer Pfeffer
eventuell 1–2 EL Schnittlauchröllchen

- Brötchen in sehr dünne Scheiben schneiden, in eine Schüssel geben und mit 2 TL Salz bestreuen
- Die Milch darüber gießen und Brötchen zugedeckt etwa 20 Minuten ziehen lassen, bis die Milch aufgesogen ist
- Abgezogene Zwiebel, abgetropftes Sauerkraut und gewaschene Petersilie getrennt fein zerkleinern
- Die Leberwurst aus der Haut drücken
- Das Öl erhitzen, Zwiebel, Majoran und Leberwurst zugeben und dünsten, bis die Zwiebel glasig ist
- Sauerkraut zugeben und bei mittlerer Hitze schmoren, bis die Flüssigkeit, die sich bildet, wieder verdampft ist; abkühlen lassen
- Zwiebelmischung, Petersilie, Eier, Pfeffer und Muskat zu den Brötchen geben und mit den Händen zu einem Teig mischen
- In einem großen Topf reichlich Salzwasser zum Kochen bringen
- Aus dem Teig mit nassen Händen 12 Knödel formen, ins sprudelnd kochende Wasser geben und zugedeckt bei starker Hitze aufkochen
- Die Temperatur zurückschalten und die Knödel zugedeckt bei schwacher bis mittlerer Hitze in etwa 20 Minuten gar ziehen lassen, dabei den Deckel nur halb auf den Topf legen
- Während die Knödel garen, den Speck würfeln und im heißen Öl bei schwacher Hitze glasig und dann knusprig braten
- 1/8 l Wasser in die Pfanne geben und den Bratfond unter Rühren lösen
- Die Pfanne von der Kochstelle nehmen, Brühe-Extrakt einrühren, Essig und Senf untermischen und die Marinade abkühlen lassen
- Den Feldsalat waschen und trockenschleudern
- Mit der Marinade mischen, mit reichlich Pfeffer aus der Mühle würzen und eventuell noch mit Salz abschmecken
- Nach Wunsch mit Schnittlauch bestreuen
- Knödel mit einem Schaumlöffel herausnehmen und gut abgetropft in einer vorgewärmten Schüssel anrichten
- Den Salat dazu servieren.

Allgäuer Kasspatzen

Zutaten für 4 Personen

350 g Mehl

Salz

3 kleine Eier

1/4 l Milch

200 g Allgäuer Emmentaler Käse in dünnen Scheiben

300 g Zwiebeln

3 EL Öl

2 EL Butter

schwarzer Pfeffer

- Mehl mit einer kräftigen Prise Salz und den Eiern verrühren
- Die Milch zugeben und einige Minuten kräftig rühren, bis der Teig Blasen bildet
- Zugedeckt ruhen lassen, bis die Zwiebeln und der Käse vorbereitet sind
- Den Käse in kleine Würfel schneiden
- Die Zwiebeln abziehen und auf dem Gurkenhobel in feine Ringe hobeln
- In einer großen Pfanne Öl und Butter erhitzen
- Die Zwiebeln darin bei schwacher Hitze unter mehrmaligem Wenden langsam weich und goldbraun braten (das dauert etwa 20 Minuten)
- In einem großen Topf reichlich Salzwasser zum Kochen bringen
- Die Spätzle portionsweise vom Brett schaben oder durch einen Spätzlehobel in das sprudelnd kochende Wasser geben
- 1 bis 2 Minuten kochen lassen, bis sie an die Oberfläche steigen
- Jede Portion gare Spätzle mit einem Schaumlöffel herausnehmen, gut abtropfen lassen und in eine vorgewärmte Schüssel geben
- Jeweils mit Käse und etwas Pfeffer bestreuen und im Backofen bei 50 °C zugedeckt heiß halten
- Zum Schluss die gebratenen Zwiebeln darüber verteilen
- Spätzle sehr heiß servieren.

Zum Spätzleformen gibt es in den Haushaltwarengeschäften Süddeutschlands einen Hobel oder eine Presse – ähnlich wie für Kartoffeln –, durch die der Teig in das kochende Wasser gedrückt wird.

TIPP

Den Käse klein würfeln, mit Reibkäse werden die Spätzle matschig.

Herzhafte Dampfnudeln
mit Spinatgemüse

Zutaten für 4 Personen

Für die Dampfnudeln:

250 g Mehl
1/2 Päckchen Trockenhefe
1/4 TL Zucker
1/8 l lauwarme Milch
2 EL Öl
1 zimmerwarmes Ei
1 zimmerwarmes Eigelb
1 Prise Salz
geriebene Muskatnuss
Mehl zum Formen
zum Garen 1 EL Butter
1/2 l Milch

Für das Gemüse:

1 kg frischer Spinat
50 g durchwachsener Räucherspeck
1 große Zwiebel
1 EL Olivenöl
1 großes Bd Petersilie
2 Knoblauchzehen
Salz
weißer Pfeffer
Paprikapulver edelsüß
eventuell 1–2 EL frisch geriebener Allgäuer Emmentaler Käse

- Für den Teig Mehl mit Hefe und Zucker vermischen
- Milch und Öl lauwarm erhitzen, mit Ei, Eigelb, Salz und Muskatnuss zur Mehlmischung geben
- Alles mit den Knethaken des Handrührgerätes etwa 5 Minuten durchrühren, bis der Teig Blasen bildet und sich vom Schüsselrand löst
- Zugedeckt bei Zimmertemperatur etwa 1 Stunde gehen lassen, bis sich sein Volumen verdoppelt hat
- Mit bemehlten Händen 8 Kugeln aus dem Teig formen, auf die bemehlte Arbeitsfläche legen und zugedeckt weitere 30 Minuten gehen lassen
- Einen Topf mit der Butter ausstreichen, Milch zugeben und lauwarm erhitzen
- Die Teigkugeln nebeneinander hineinlegen
- Die Milch zugedeckt zum Kochen bringen
- Die Temperatur sofort zurückschalten und die Dampfnudeln bei schwacher Hitze 30 Minuten garen, dabei den Deckel immer geschlossen halten, sonst fallen die Nudeln zusammen
- Für das Gemüse den Spinat verlesen, waschen und portionsweise in reichlich sprudelnd kochendem Wasser ohne Salz etwa 1 Minute blanchieren
- Jeweils mit einem Schaumlöffel herausnehmen und abtropfen lassen
- Den Speck und die abgezogene Zwiebel würfeln und im heißen Öl bei schwacher Hitze leicht braun braten

TIPP

Dampfnudeln zuzubereiten ist nicht ganz einfach: Die Milch muss im geschlossenen Topf sieden, denn die Nudeln brauchen gleich zu Anfang „Dampf", damit sie gut aufgehen und locker werden. Nach dem Aufkochen die Temperatur sofort verringern; beim Gasherd ist das ganz einfach. Beim Elektroherd ziehen Sie den Topf eventuell kurz von der Platte. Ob die Garzeit stimmt, hört man: Im Topf muss es immer leise „knistern", dann bilden sich genügend Dampf und die appetitlich braune Kruste am Topfboden.

- Die Petersilie waschen, trockentupfen und fein zerkleinern
- Den Knoblauch abziehen und zerdrücken
- Beide Zutaten und den Spinat zur Speckmischung geben und alles bei starker bis mittlerer Hitze unter Rühren etwa 3 Minuten schmoren
- Mit Salz, Pfeffer und Paprika kräftig würzen
- Die Dampfnudeln mit einer Backschaufel vom Boden des Topfes lösen und mit dem Spinatgemüse auf gut vorgewärmten Portionstellern anrichten
- Spinat nach Wunsch noch mit Käse bestreuen.

Apfelkrapfen

Zutaten für 4 Personen

4 Scheiben tiefgefrorener Blätterteig (etwa 240 g)

Mehl zum Ausrollen

4 säuerliche Äpfel (Ingrid Marie, Boskoop oder Elstar)

Saft von 1/2 Zitrone

60 g brauner Zucker

2 TL Zimtpulver

1 Eigelb

2 EL süße Sahne

1 – 2 EL flüssiger Honig

- Die Blätterteigscheiben nebeneinander legen und auftauen lassen
- Auf Mehl dünn ausrollen und aus jeder Teigplatte mit einem Glas vier Kreise etwa in Apfelgröße ausstechen
- Teigreste aufeinander legen, erneut ausrollen und mit einem Teigrädchen zu knapp fingerbreiten Streifen schneiden
- Den Backofen auf 180 °C (Umluft 160 °C, Gas Stufe 3) vorheizen
- Die Äpfel schälen, Kerngehäuse mit einem Apfelausstecher entfernen
- Äpfel in fingerbreite Scheiben schneiden und mit dem Zitronensaft beträufeln
- Zucker und Zimt mischen
- Eigelb mit Sahne verrühren
- Eine runde Auflaufform mit halbhohem Rand abwechselnd mit Apfel- und Blätterteigscheiben füllen
- Jede Apfelschicht mit Zimtzucker bestreuen, die Blätterteigscheiben mit der Eigelbsahne bestreichen
- Die oberste Apfelschicht gitterförmig mit den Teigstreifen belegen
- Den Rest der Eigelbsahne darauf streichen
- Die Apfelkrapfen in den heißen Backofen (mittlere Schiene) schieben und in 25 bis 30 Minuten goldbraun backen
- Heiß mit dem Honig bestreichen und warm servieren.

Im Original aus einem Kochbuch des 19. Jahrhunderts wird der Blätterteig natürlich selbst gemacht. Doch das ist uns heute viel zu aufwändig.

Tipp

Wenn Ihnen Blätterteig zu üppig ist, kneten Sie einen Mürbeteig und verarbeiten ihn wie im Rezept. Die Krapfen schmecken als Dessert nur nach einem wirklich leichten Essen. Besser serviert man sie zum Kaffee.

Quittenkücherl

Zutaten für 4 Personen

600 g Quitten
1 EL Butterschmalz
125 g Mehl
1 TL Zucker
1 Prise Salz
1 Msp gemahlene Vanille
etwas abgeriebene Zitronenschale
1/8 l trockener Weißwein
1 EL Rum
2 kleine Eier
Butterschmalz, Kokosfett oder Öl zum Braten
2–3 EL brauner Zucker
1 große Msp Lebkuchengewürz

- Die Quitten wie Äpfel schälen, längs vierteln und das Kerngehäuse herausschneiden, dann die Viertel in Spalten schneiden
- Im heißen Butterschmalz zugedeckt bei schwacher Hitze 15 Minuten dünsten, bis sie fast weich sind, dann abkühlen lassen
- Inzwischen für den Teig Mehl mit Zucker, Salz, Vanille, Zitronenschale, Wein und Rum verrühren, dann die Eier untermischen
- Die abgekühlten Quitten zugeben und die Schüssel etwas rütteln, damit die Quitten vom Teig überzogen sind
- Reichlich Fett in einer Pfanne erhitzen
- Quittenspalten mit einer Gabel aus dem Teig nehmen und portionsweise im heißen Fett bei mittlerer bis schwacher Hitze in etwa vier Minuten goldgelb braten
- Auf Küchenpapier abtropfen lassen
- Zucker und Lebkuchengewürz mischen und die Quitten damit bestreut heiß anrichten.

Ein kräftiges Dessert für den Herbst, wenn die Quitten reif und aromatisch sind. Das Ur-Rezept stammt aus dem Kochbuch der Augsburger Patriziertochter Philippine Welser, das um 1545 geschrieben wurde.

TIPP

Besonderen Pfiff bekommt dieses Dessert, wenn Sie es mit beliebigem Eis und einer Soße aus Jogurt, glatt gerührt mit selbst gemachter Kirsch-, Erdbeer- oder Orangenmarmelade servieren.

Kirschstrudel mit Topfen

Zutaten für 4 – 6 Personen

Für den Teig:

250 g feines Mehl
Salz
5 EL Öl
1 Eigelb

Für die Füllung:

750 g Süß- und Sauerkirschen gemischt
100 g Löffelbiskuits
1 unbehandelte Zitrone
2 kleine Eier
500 g Magerquark
150 g Schmant
2 EL brauner Zucker
30 g Butter
50 g gemahlene Haselnusskerne

Zum Backen:

1/4 l Milch
1 EL Butter
1 EL Puderzucker
Mehl zum Ausrollen

- Mehl, Salz, 1/8 l lauwarmes Wasser, Öl und Eigelb zu einem glatten Strudelteig verarbeiten und ruhen lassen, bis die Füllung zubereitet ist
- Für die Füllung die Kirschen waschen, abzupfen und entsteinen
- Die Löffelbiskuits in einen Gefrierbeutel geben und mit der Nudelrolle fein zerkleinern
- Die Zitrone waschen, abtrocknen, die Schale etwa zur Hälfte dünn abreiben, den Saft auspressen
- Die Eier trennen
- Den Quark mit Eigelb, Schmant, braunem Zucker, Zitronensaft und Zitronenschale verrühren
- Eiweiß steif schlagen und darunter ziehen
- Den Backofen auf 200 °C (Umluft 180 °C, Gas Stufe 3) vorheizen
- Eine ofenfeste Form mit niedrigem Rand mit Butter fetten, die restliche Butter zerlassen, aber nicht bräunen
- Den Teigkloß in zwei Stücke schneiden, diese dünn ausrollen und dann sehr dünn ausziehen
- Die Teigplatten zuerst mit flüssiger Butter, dann mit Quarkcreme bestreichen, mit Löffelbiskuits und Nüssen bestreuen und mit Kirschen belegen
- Dabei rundherum einen Rand frei lassen, damit die Füllung beim Zusammenrollen nicht herausquillt
- Strudel aufrollen und in die Form legen
- Die Milch mit der Butter erhitzen, bis die Butter geschmolzen ist
- Mit dem Puderzucker mischen und um die Strudel gießen
- Strudel in den heißen Backofen (mittlere Schiene) stellen und etwa 50 Minuten backen, dabei zwei- oder dreimal mit der Flüssigkeit begießen, die sich am Boden der Form sammelt.

Strudel machen die Bayern mit preiswertem Obst, das gerade Saison hat: mit Äpfeln natürlich, doch auch mit Heidelbeeren, Zwetschgen, Aprikosen und Johannisbeeren. Nur sehr weiche Früchte wie Himbeeren oder Erdbeeren eignen sich nicht. Pfirsiche sind nicht üblich, schmecken aber zum Beispiel mit Preiselbeerkompott gemischt ganz hervorragend.

TIPP

Frische Aprikosen kommen fast immer aus dem Kühllager. Deshalb 1 bis 2 Tage bei Zimmertemperatur liegen lassen, damit sie ihr Aroma entwickeln.

Obstknödel aus dem Ofen

Zutaten für 4 Personen

500 g trockener Magerquark
12 kleine reife Aprikosen
abgeriebene Schale von 1/4 unbehandelten Zitrone
1 Msp gemahlene Vanille
1 Prise Salz
150 g Mehl
50 g Semmelbrösel
1 Ei
100 g Butter
75 g Zucker
1 – 2 TL Zimtpulver

- Den Quark auf einem Sieb abtropfen lassen
- Inzwischen die Aprikosen mit kochendem Wasser übergießen, kurz ziehen lassen und kalt abschrecken
- Die Haut abziehen, die Früchte halbieren und dabei entsteinen
- Den Backofen auf 180 °C (Umluft 160 °C, Gas Stufe 3) vorheizen
- Quark mit Zitronenschale, Vanille, Salz, Mehl, Semmelbrösel und Ei zu einem glatten Teig verrühren, der sich mit den Händen formen lässt, ohne zu kleben
- Jeweils ein etwa tischtennisballgroßes Stück Teig auf dem Handballen flachdrücken
- Je eine Aprikose mit einem Teigstück umhüllen
- Die Butter in einem großen Bräter zerlassen
- Knödel nebeneinander in die Butter legen
- Bräter schließen und in den heißen Backofen (untere Schiene) schieben
- Die Knödel 20 Minuten backen
- Deckel entfernen und die Knödel im offenen Bräter weitere 30 Minuten backen, bis sie leicht gebräunt sind
- Zucker und Zimt mischen, die heißen Knödel damit bestreuen und sofort servieren.

Die beste Sorte für Klöße sind türkische Zuckeraprikosen – etwa so groß wie eine Zwetschge, wunderbar aromatisch und so süß, dass man sie wie im Rezept nur in den Teig hüllt. Alle anderen Sorten schmecken besser, wenn man sie mit einem Stückchen Würfelzucker füllt und dann erst in den Teig packt.

Schneiderfleck
mit Apfelkompott

Zutaten für 6 Personen

Für das Kompott:

1 Orange

1 kg säuerliche Äpfel (Boskoop, Elstar oder Gravensteiner)

1 TL Vanillezucker

1 – 2 EL Honig

Für den Schneiderfleck:

800 g mehlig kochende Kartoffeln

Salz

100 g feines Mehl

1 kleines Ei

50 g Butter

1 EL Puderzucker

Mehl zum Ausrollen

200 g saure Sahne

100 g Rosinen

1/4 l warme Milch

- Für das Kompott die Orange auspressen
- Die Äpfel vierteln, schälen, vom Kerngehäuse befreien und in kleine Stücke schneiden
- Orangensaft und Äpfel mit 1/8 l Wasser und dem Vanillezucker zum Kochen bringen
- Zugedeckt bei mittlerer bis schwacher Hitze etwa 10 Minuten kochen
- Lauwarm abkühlen lassen, mit Honig mischen und zugedeckt bei Zimmertemperatur bis zum Servieren ziehen lassen
- Für den Schneiderfleck die Kartoffeln waschen und mit der Schale in wenig Wasser weich kochen
- Abgießen, kalt abschrecken, schälen und mit dem Kartoffelstampfer oder einer Gabel ganz fein zerdrücken
- Püree abkühlen lassen
- Kartoffelpüree mit einer Prise Salz, Mehl und Ei verkneten
- Falls der Teig an den Händen klebt, teelöffelweise Mehl darunter mischen
- Den Backofen auf 200 °C (Umluft 180 °C, Gas Stufe 3) vorheizen
- Eine ofenfeste Form mit niedrigem Rand mit der weichen Butter ausstreichen und mit dem Puderzucker ausstreuen
- Ein Küchentuch mit Mehl bestäuben
- Teig zu einer Rolle formen und in 16 Stücke schneiden
- Jedes Stück auf dem Tuch messerrückendick ausrollen, mit saurer Sahne bestreichen und mit Rosinen belegen
- Die Stücke einmal zusammenklappen und dachziegelartig in die Form setzen
- Die Milch an den Seiten zugießen
- Schneiderfleck in den heißen Backofen (mittlere Schiene) stellen und etwa 40 Minuten backen, bis er oben schön gebräunt ist
- Heiß zum Apfelkompott servieren.

Nur mit Milch und Butter in der Form isst man Schneiderfleck auch zu Sauerkraut und – in der modernen bayerischen Landküche – zu bunt gemischtem Salat. Wer Süß-Herzhaftes gerne mag, lässt die Rosinen drin. Sonst ersetzt man sie durch eine sanft angedünstete Mischung aus Kräutern, Zwiebeln und eventuell Speck.
Für jede bayerische Spezialität aus Kartoffelteig brauchen Sie mehlige Knollen. Schneiderfleck, auch Knödel oder Nudeln halten mit fest kochenden oder neuen Kartoffeln gar nicht zusammen. Deshalb sind diese Gerichte auch typisch für die Herbst- und Winterküche, denn die wirklich stärkereichen Sorten werden erst ab September geerntet.

Semmelschmarren
mit Zwetschgenröster

Zutaten für 4 Personen

Für den Zwetschgenröster:

500 g reife Zwetschgen

75 g Zucker

1 unbehandelte Zitrone

1 Stück Zimtstange (etwa 3 cm lang)

1 große Msp Lebkuchengewürz

eventuell 1 EL Orangenlikör

Für den Schmarren:

8 helle Weizenbrötchen (Semmeln) vom Vortag

1/2 l Milch

1 Prise Salz

1/2 EL abgeriebene Schale der Zitrone

1 TL Vanillezucker

2 Eier

50 g Butterschmalz

50 g Zucker

Puderzucker zum Bestäuben

- Für den Röster die Zwetschgen waschen, halbieren und entsteinen
- Mit Zucker, einem großen Stück dünn abgeschnittener Zitronenschale, dem ausgepressten Zitronensaft, der Zimtstange und dem Lebkuchengewürz in einen Topf geben
- Aufkochen und zugedeckt bei schwacher Hitze etwa 10 Minuten garen
- Abkühlen lassen und nach Wunsch mit dem Likör würzen
- Für den Schmarren die Brötchen in dünne Scheiben schneiden und in einer Schüssel mit der heißen Milch übergießen
- Zugedeckt etwa 30 Minuten quellen lassen, bis die Milch aufgesogen ist
- Mit Salz, Zitronenschale, Vanillezucker und Eiern verrühren
- Die Hälfte des Butterschmalzes in einer großen beschichteten Pfanne erhitzen
- Die Hälfte des Teiges darin glatt streichen und zugedeckt bei schwacher Hitze etwa 10 Minuten backen, bis er an der Unterseite fest ist
- In der Pfanne mit einer Gabel in Stücke teilen, die Stücke bei mittlerer Hitze unter häufigem Wenden goldbraun backen
- Schmarren in eine Gratinform geben, mit der Hälfte des Zuckers bestreuen und zugedeckt im Backofen bei 50 °C warm halten, bis die zweite Portion im restlichen Butterschmalz gebacken ist
- Diese Portion ebenfalls mit Zucker bestreut etwa 5 Minuten im Backofen ziehen lassen
- Den Semmelschmarren nach Wunsch noch mit Puderzucker bestreuen und mit dem Zwetschgenröster servieren.

TIPP

Der Röster schmeckt lauwarm oder gekühlt, der Schmarren muss heiß aus dem Backofen kommen. Lassen Sie den Schmarren mit Zucker bestreut im Ofen etwa 5 Minuten ziehen, damit er glänzend und saftig wird.

Marnier

Strauben

Zutaten für etwa 12 Stück

60 g Butterschmalz
1 Prise Salz
1 EL Zucker
1/2 TL Zimtpulver
150 g Mehl
4 kleine Eier
1 TL abgeriebene Zitronenschale
1 TL Rum oder Arrak
1 Msp Backpulver
Butterschmalz, Kokosfett oder Öl zum Frittieren
Puderzucker zum Bestäuben

- 1/4 l Wasser mit Butterschmalz und Salz aufkochen, bis das Schmalz zerlaufen ist
- Zucker mit Zimt vermischen und unterrühren
- Den Topf von der Kochstelle nehmen und das gesamte Mehl unter Rühren hinzugeben
- Wieder auf die Kochstelle setzen und bei schwächster Hitze weiterrühren, bis sich die Masse zu einem Kloß zusammenballt und am Boden des Topfes eine weißliche Schicht bildet
- Den Teig in eine Schüssel geben
- Ein Ei mit den Knethaken des Handrührgerätes unter den heißen Teig mischen
- Teig lauwarm abkühlen lassen
- Inzwischen 12 Stücke Butterbrotpapier von etwa 10 × 10 cm zurechtschneiden und mit etwas Öl bestreichen
- Unter den Teig die Zitronenschale, den Rum oder Arrak sowie nacheinander die restlichen Eier rühren
- Zusammen mit dem letzten Ei das Backpulver darunter mischen
- Teig in einen Spritzbeutel mit großer Tülle geben und als Kringel auf das geölte Papier spritzen
- Das Fett zum Frittieren erhitzen
- Jeweils 2 bis 3 Teigkringel mit dem Papier nach oben in das heiße Fett gleiten lassen
- Das sich ablösende Papier mit dem Schaumlöffel entfernen
- Strauben bei mittlerer Hitze auf der Unterseite in etwa 4 Minuten goldgelb backen, wenden und in weiteren 4 Minuten fertig backen
- Mit dem Schaumlöffel herausnehmen, auf Küchenpapier abtropfen lassen und gerade eben abkühlen lassen
- Mit Puderzucker bestreut servieren.

Tipp

Brandteig ist so weich, dass Sie ihn nicht wie Hefe- oder Mürbeteig formen können. Deshalb die Strauben auf das Papier spritzen und damit auch ins heiße Fett geben.

Topfenkrapferl
mit Erdbeerkompott

Zutaten für 4 Personen

750 g Erdbeeren
500 g Magerquark
125 g Grieß
2 mittelgroße Eier
1 EL Zucker
1 TL abgeriebene Schale von einer unbehandelten Zitrone
1 TL Vanillezucker
Fett zum Backen
150 g Vanilleeis
100 g Jogurt
1 EL Honig

- Die Erdbeeren waschen, abzupfen, zerkleinern und in Dessertschälchen verteilen
- Den Quark mit Grieß, Eiern, Zucker, Zitronenschale und Vanillezucker zu einem glatten Teig verrühren
- In einer großen beschichteten Pfanne reichlich Fett erhitzen
- Aus dem Teig mit zwei Esslöffeln Frikadellen formen und portionsweise bei schwacher Hitze pro Seite etwa 5 Minuten backen
- Die gebackenen Krapferl bei 50 °C im Backofen warm halten
- Eis mit Jogurt und Honig in eine Schüssel geben und mit den Quirlen des Handrührgerätes zu einer dickflüssigen Soße rühren
- Die Erdbeeren damit mischen und zu den heißen Krapferl servieren.

Tipp

Die kleinen Krapfen werden zwar nicht frittiert, brauchen aber auch in der Pfanne reichlich Fett, damit sie knusprig werden. Möglichst frisch aus der Pfanne schmecken sie besonders gut. Deshalb am besten zuerst die Erdbeeren vorbereiten und klein schneiden. Dann die Krapferl backen. Zum Schluss rasch die Soße fürs Kompott rühren.

Topfenzipferl

Zutaten für etwa 25 Stück

75 g Butter

3 EL feiner Zucker

1 EL Vanillezucker

1 Prise Salz

2 kleine Eier

100 g Magerquark

1 EL Weinbrand

etwa 300 g Mehl

1 TL Backpulver

Mehl zum Ausrollen

Butterschmalz oder Kokosfett zum Frittieren

feiner Zucker oder Puderzucker zum Bestreuen

- Die weiche Butter mit Zucker, Vanillezucker und Salz schaumig rühren
- Die Eier mit Quark und Weinbrand verrühren, nach und nach zur Fettmischung geben und unterrühren
- Das Mehl mit dem Backpulver vermischen und mit den Händen unterkneten; falls der Teig an den Händen klebt, noch etwas Mehl untermischen
- Zugedeckt 1 Stunde kühl stellen
- Den Teig in 3 bis 4 Portionen teilen und jeweils auf Mehl 1/2 cm dick ausrollen
- Mit dem Teigrädchen in etwa zwei Finger breite und 10 cm lange Streifen schneiden. Etwa in die Mitte jedes Streifens einen 3 cm langen Längsschnitt machen und das untere Ende des Streifens durch diesen Schnitt stecken
- Fett zum Frittieren erhitzen und die Küchlein darin portionsweise in etwa 3 Minuten ausbacken, bis sie goldbraun und schön aufgegangen sind
- Mit einem Schaumlöffel herausnehmen und auf Küchenpapier abtropfen lassen
- Entweder heiß mit dem feinen Zucker bestreuen oder gerade eben abkühlen lassen und mit Puderzucker bestreuen.

Ein Gebäck, das ich seit meiner Kindheit liebe. leicht säuerlich durch den Quark und knusprig ausgebacken. Der Rezeptname war in unserer Familie üblich, obwohl er eigentlich eine andere bayerische Spezialität meint. Teigstücke, die mit einer süßen Quarkmasse gefüllt, wie Säckchen gefaltet und im heißen Schmalz ausgebacken werden.

Zwetschgendatschi

Zutaten für 1 Backblech

300 g Mehl

1/2 Päckchen Trockenhefe

2 EL Zucker

Salz

200 ml lauwarme Milch

1 EL Butter

1 kleines Ei

2 kg reife Zwetschgen

2 El Butter

2 EL Paniermehl

100 g feiner Zucker oder Puderzucker zum Bestreuen

1/2 TL Zimtpulver

- Mehl, Hefe, Zucker und eine Prise Salz vermischen
- Milch lauwarm erhitzen und die Butter darin schmelzen
- Ei unterrühren und alles zur Mehlmischung geben
- Mit den Knethaken des Handrührgerätes etwa 5 Minuten durchrühren, bis der Teig Blasen bildet und sich vom Schüsselrand löst
- Zugedeckt bei Zimmertemperatur etwa 1 Stunde gehen lassen
- Die Zwetschgen waschen und halbieren, aber dabei nicht ganz durchschneiden
- Die Früchte entsteinen
- Die Butter zerlassen und ganz leicht bräunen
- Den Teig auf einem gefetteten Backblech verteilen
- Mit Butter bestreichen, mit dem Paniermehl bestreuen
- Die Zwetschgenhälften mit den Schnittflächen nach oben wie dichte Schuppen auf den Teig legen
- Den Datschi zugedeckt bei Zimmertemperatur weitere 30 Minuten gehen lassen
- Den Backofen auf 180 °C (Umluft 160 °C, Gas Stufe 2) vorheizen
- Datschi mit der restlichen Butter beträufeln, in den heißen Backofen (mittlere Schiene) schieben und etwa 40 Minuten backen
- Zucker und Zimt mischen, den Datschi herausnehmen und sofort damit bestreuen
- Den Datschi noch lauwarm oder gerade eben abgekühlt servieren.

Tipp

Nehmen Sie für Datschi grundsätzlich späte Zwetschgen, die es erst im September gibt: Gute Sorten sind Dro-Zwetschen aus Norditalien oder Fränkische Hauszwetschgen. Beide schmecken aromatisch und geben gerade so viel Saft ab, dass auch der Datschi saftig, aber nicht matschig wird. Der Zucker zum Bestreuen soll fein sein, damit er auf dem ofenheißen Datschi schmilzt. Schlagsahne ist die klassische Beilage, Vanille- oder Walnusseis der reine Luxus und deshalb besonders köstlich.

Zwetschgenmichel

Zutaten für 4 Personen

500 g reife Zwetschgen
Fett für die Form
2 EL Brombeergelee
100 g Zucker
1 TL Vanillezucker
4 Eier
50 g weiche Butter
2 EL Arrak oder weißer Rum
1 TL abgeriebene Zitronenschale
100 g Mehl
1 Msp Backpulver
1/4 l Milch

- Den Backofen auf 180 °C (Umluft 160 °C, Gas Stufe 2) vorheizen
- Die Zwetschgen waschen, halbieren, entsteinen und mit der Höhlung nach oben in eine flache, sehr gut gefettete Auflaufform legen
- Die Höhlungen mit dem Brombeergelee füllen
- 2 EL Zucker mit dem Vanillezucker mischen und darüber streuen
- Die Eier trennen
- Eiweiß steif schlagen
- Den restlichen Zucker mit der Butter schaumig rühren
- Arrak oder Rum, Zitronenschale und Eigelbe unterrühren
- Zuerst Mehl mit Backpulver vermischen, dann die Milch und zum Schluss den Eischnee unterrühren
- Den Teig über den Zwetschgen verteilen
- Den Zwetschgenmichel in den heißen Backofen (untere Schiene) stellen und etwa 30 Minuten backen.

Meist versteht man unter dem süßen „Michel“ mit Obst einen Auflauf mit eingeweichtem Brot. Doch in Bayern ist ein „Kuchenmichel“ das, was die Schwaben „Pfitzauf“ nennen. Der zarte Teig über den saftigen Zwetschgen, der beim Backen so schön aufgeht, erinnert an diese Spezialität.

Rezeptverzeichnis

Bildquellen
Helga Buchter-Weisbrodt: S. 12
Fremdenverkehrsamt München: S. 11
Martina Gronau: S. 7 oben
Regina Kuhn: S. 14
Wolfgang Redeleit: S. 6
Hans Reinhard: S. 13 links
Tourismusverband Ostbayern e. V.: S. 4
Ingo Wandmacher: S. 9 unten, S. 10
www.allgaeu.de: S. 8, 9 oben
Alle anderen Fotos und die Rezeptfotos stammen von Fridhelm Volk.

Bibliografische Information Der Deutschen Bibliothek
Die Deutsche Bibliothek verzeichnet diese Publikation in der Deutschen Nationalbibliografie; detaillierte bibliografische Daten sind im Internet über http://dnb.ddb.de abrufbar.

Haftung
Die Autorin und der Verlag haben sich um richtige und zuverlässige Angaben bemüht. Fehler können jedoch nicht vollständig ausgeschlossen werden. Eine Garantie für die Richtigkeit der Angaben kann daher nicht gegeben werden. Haftung für Schäden und Unfälle wird aus keinem Rechtsgrund übernommen.

Wollgrasweg 41, 70599 Stuttgart (Hohenheim)
E-Mail: info@ulmer.de
Internet: www.ulmer.de

Lektorat: Dr. Gabriele Lehari, Ina Vetter
Umschlag- und Innengestaltung: WILDE2, Stuttgart
Herstellung: Gabriele Wieczorek
Reproduktionen: BRK, Stuttgart
Druck und Bindung: Offizin Andersen Nexö, Leipzig
Printed in Germany

ISBN: 3-8001-4219-8

Buchtipps

Die Kulturwissenschaftlerin Elke Knittel schildert auf amüsante und unterhaltsame Weise Hintergründe der traditionellen schwäbischen Küche und stellt viele Rezepte vor – natürlich alle selbst getestet! Ein vergnügliches Lesebuch mit vielen Rezepten – nicht nur für Schwaben!
Die Fotos sind von SWR-Redakteur Rolf Maurer, einem profunden Kenner von Land und Leuten.
Spätzle, Maultaschen & Co. E. Knittel, R. Maurer. 2003. 190 Seiten, 56 Farbf., 5 Zeichn. ISBN 3-8001-3877-8.

Die köstliche fränkische Küche ist ebenso bekannt und beliebt wie der fränkische Wein. Kochen Sie doch einmal selber echt fränkisch! In diesem Buch finden Sie einfach nachzukochende Rezepte, Schritt für Schritt erklärt. Jedes Rezept mit Foto.
Landfrauen-Rezepte aus Franken. B. Rias-Bucher, F. Volk. 2003. 128 Seiten, 75 Farbfotos. ISBN 3-8001-4217-1.

Mit diesem Buch bringen Sie Abwechslung auf Ihre Kaffeetafel! Hier finden Sie eine abwechslungsreiche Sammlung von klassischen und ungewöhnlichen Kuchen- und Tortenrezepten aus allen Regionen Deutschlands. Und nicht zuletzt erfahren Sie Wissenswertes über die Herkunft und die Namensgebung der Rezepte, ergänzt durch viele praktische Tipps zur Zubereitung.
Landfrauen-Rezepte – Backen. O. Tietz, F. Volk. 2003. 128 S., 75 Farbf. ISBN 3-8001-4222-8.

Lieben Sie Kartoffelklöße? Mögen Sie es so richtig deftig? Backen Sie gern? Dann ist die Thüringer Küche genau das richtige für Sie. Lernen Sie Faule-Weiber-Klöße, Hosseküh und Schnapphütes kennen! Ergänzt werden die Rezepte durch viele Tipps für die Zubereitung oder für mögliche Varianten.
Landfrauen-Rezepte aus Thüringen. O. Tietz, F. Volk. 2003. 128 Seiten, 75 Farbfotos. ISBN 3-8001-4220-1.

Ob edler Fisch wie Bodenseekretzer, deftige Braten wie gefüllte Kalbsbrust oder köstliches Gebäck wie die knusprigen Pfittele – bei der badischen Küche wird's niemals langweilig!
Landfrauen-Rezepte aus Baden. C. Daiber, F Volk. 2004. Etwa 128 Seiten, 65 Farbfotos. ISBN 3-8001-4412-3.

Sie möchten die reiche Ernte aus Ihrem Garten auch außerhalb der Saison genießen? Sie haben keine Lust, täglich einkaufen zu gehen? Dann ist dieses Buch genau das Richtige für Sie. Hier erfahren Sie alles über die verschiedenen Lagerungs- und Konservierungsmethoden und für welche Lebensmittel sie sich eignen. Mit einer durchdachten Vorratshaltung haben Sie immer ein reichhaltiges Sortiment an frischen und konservierten Lebensmitteln im Haus.
Vorratshaltung. Frisch halten, einfrieren, konservieren. G. Lehari. 2003. 128 S., 58 Farbfotos, 3 Zeichnungen. ISBN 3-8001-4379-8.

Auf einfache und leicht verständliche Weise werden Rezepte für die Ernte aus dem eigenen Garten präsentiert – kochen Sie mit!
Ulrike Ploberger, Frau des Bestsellerautors und Biogärtners Karl Ploberger und Lehrkraft an einer Handelsakademie in Österreich, und ihre Freundin Cordula Hanisch sind begeisterte Hobbyköchinnen. Beide studierten Sozial- und Wirtschaftswissenschaften.
Herzhafte Geheimnisse aus dem Garten für intelligente Faule. Das etwas andere Kochbuch. U. Ploberger, C. Hanisch. 2003. 96 Seiten, 25 farb. Zeichnungen. ISBN 3-8001-4287-2.

Mit diesem Buch bekommen Sie besonders einfache Rezepte, wie Sie die Gartenernte im Handumdrehen zu süßen Köstlichkeiten verwandeln können.
Süße Geheimnisse aus dem Garten für intelligente Faule. Das etwas andere Kochbuch. C. Hanisch, U. Ploberger. 2002. 95 Seiten, 13 Illustrationen. ISBN 3-8001-3928-6.

Buchtipps

Die Vielfalt an Suppen und Eintöpfen aus Deutschlands Regionen ist schier unerschöpflich! Klare Brühen – ob mit oder ohne Einlage – liebt man besonders in Süddeutschland, allen voran die berühmte Hochzeitssuppe. Die deftigen Eintöpfe aus den nördlichen Regionen sind wahrlich ganze Mahlzeiten, köstlich und wärmend. Raffinierte Cremesuppen, ob aus Gemüse oder Fisch, gehören einfach zu jedem Menü. An heißen Sommertagen erfrischen fruchtige Kaltschalen. Neben einer abwechslungsreichen Rezeptvielfalt finden Sie in diesem Buch jede Menge Tipps für die Zubereitung der verschiedenen Grundsuppen.

Landfrauen-Rezepte: Suppen und Eintöpfe. D. Bopp, F. Volk. 2004. Etwa 128 S., 60 Farbf. ISBN 3-8001-4413-1.

Gekonnte Fotos regen den Appetit an! Diese Rezepte gelingen leicht!

Landfrauen-Rezepte Schwaben. C. Daiber, F. Volk. 2003. 128 S., 75 Farbf. ISBN 3-8001-4238-4.

In diesem Buch finden Sie köstliche Gerichte aus allen Gebieten Deutschlands, gewürzt mit unterhaltsamen Informationen über die Landschaften, aus denen sie hervorgegangen sind. Ob echte Frankfurter Grüne Soße oder original Rheinischer Sauerbraten, ob wahre Bayerische Creme oder authentischer Grünkohl mit Pinkel – erfahrene Köchinnen verraten Ihnen ihre besten Rezepte.

Echte LandFrauen Rezepte. Köstliches aus allen Landschaften Deutschlands. Deutscher Landfrauenverband. 2003. 144 Seiten, 66 Farbfotos. ISBN 3-8001-4259-7.

In diesem Buch erfahren Sie alles über richtig gutes Brot aus dem Holzbackofen. Traditionelles Backbuch zum kleinen Preis.
Auch für Elektroherdbesitzer geeignet!

Brot backen. Traditionelles aus dem Holzbackofen. M. Merzenich, E. Thier. 3. Aufl. 2003. 128 Seiten, 62 Farbfotos, 21 sw-Zeichnungen. ISBN 3-8001-3878-6.